Profecía

Preguntas y respuestas

**Libros de la serie
"Preguntas y respuestas"**

El cielo
Jesús
Profecía

Profecía

Preguntas y respuestas

DAVID JEREMIAH

EDITORIAL
PORTAVOZ

La misión de *Editorial Portavoz* consiste en proporcionar productos de calidad —con integridad y excelencia—, desde una perspectiva bíblica y confiable, que animen a las personas a conocer y servir a Jesucristo.

Título del original: *The Prophecy Answer Book* © 2010 por el Dr. David Jeremiah, y publicado por Thomas Nelson, Nashville, Tennessee.

Edición en castellano: *Profecía: Preguntas y respuestas* © 2016 por Editorial Portavoz, filial de Kregel, Inc., Grand Rapids, Michigan 49505. Todos los derechos reservados. Publicado con permiso de Thomas Nelson, una división de HarperCollins Christian Publishing, Inc.

Traducción: Daniel Menezo

EDITORIAL PORTAVOZ
2450 Oak Industrial Drive NE
Grand Rapids, MI 49505 USA

Visítenos en: www.portavoz.com

ISBN 978-0-8254-5669-5 (rústica)
ISBN 978-0-8254-6503-1 (Kindle)
ISBN 978-0-8254-8651-7 (epub)

1 2 3 4 5 edición / año 25 24 23 22 21 20 19 18 17 16

Impreso en los Estados Unidos de América
Printed in the United States of America

Contenido

Introducción xiii

Los acontecimientos del presente

¿Por qué una nación en ciernes (Israel) —con una
población de poco más de siete millones y un
territorio apenas mayor que Nueva Jersey— se
menciona en los noticieros de la noche más que
cualquier otro país, salvo Estados Unidos? ¿Y
qué importancia tiene Israel para la profecía? 3

Las fronteras actuales de Israel, ¿se corresponden
con la promesa que hizo Dios a este pueblo en
el Antiguo Testamento? 5

¿Alcanzarán los judíos alguna vez el cumplimiento
del pacto divino de que Israel fuera su posesión
eterna? 7

¿Supone la presencia de Israel en su territorio actual el
cumplimiento definitivo de la promesa divina
de reunir a todo su pueblo? 9

¿Qué eventos relativos a la posesión total de Israel
de su territorio permanecen incumplidos? 11

¿Es el petróleo clave para los eventos proféticos del
futuro? 13

¿Qué tienen en común el petróleo y el huerto
del Edén? 15

¿Cómo encaja la situación petrolífera actual con la
profecía? 17

¿Qué lugar ocupa América en la profecía de los
últimos tiempos? 19

¿Predicen las Escrituras la unificación de Europa? . . . 22

¿Habrá un líder mundial? 24

¿El líder mundial e Israel firmarán un tratado? 25

¿Qué es el Eje del Mal? 27

¿Por qué tiene un interés especial para nosotros una de las naciones del Eje del Mal? 28

¿Qué países ya existentes formarán coalición para el ataque sobre Israel profetizado por Ezequiel? 30

¿En qué punto se halla la unión de fuerzas entre Rusia, Irán y otras naciones musulmanas? 33

¿Cuándo será invadido Israel? 35

¿Qué propósito tiene la invasión de Israel? 37

¿Qué propósito tiene Dios en la guerra y la destrucción descritas en la profecía de Ezequiel? 39

¿Qué significa *Islam* y con cuántos seguidores cuenta? 41

¿Cuál es la historia del Islam? 42

¿Quiénes son los chiítas y los sunitas, y por qué suponen una amenaza para los cristianos? 44

¿Qué significa *yihad*? 46

¿Qué es la *fatah*? 48

¿Qué otros términos se usan para describir el objetivo islámico de dominar el mundo? 49

¿Espera el Islam el regreso de su mesías? 50

El arrebatamiento

¿Qué es el arrebatamiento (rapto)? 55

¿Cuál es la diferencia entre el arrebatamiento y la Segunda Venida? 57

¿Qué dice el apóstol Pablo sobre el arrebatamiento? . . 59

¿Regresará Cristo durante el arrebatamiento?. 63

¿Quién resucitará en el momento del rapto? 64

¿Formarán parte del rapto los incinerados?. 66

¿Qué sucederá en los cielos después del
   arrebatamiento? 67

¿Por qué debemos evitar determinar fecha y hora
   para el arrebatamiento?. 68

¿Cómo nos afecta hoy la esperanza del
   arrebatamiento? 69

"Todo el mundo oirá el evangelio antes del regreso
   de Cristo…". "Jesús podría volver en cualquier
   momento…". ¿Cómo pueden ser ciertas estas
   dos afirmaciones? 71

La tribulación

¿Qué es la tribulación? 75

¿Qué señales avisarán del periodo de tribulación
   inminente? 76

¿Qué sucederá en el mundo durante la tribulación? . . 78

¿Qué sucederá en el cielo durante la tribulación? 79

¿Se librarán los cristianos de la tribulación? 80

¿Qué catástrofes naturales ocurrirán en la tierra
   durante la tribulación? 82

¿Se salvará alguien durante la tribulación? 85

¿Cómo se salvarán las personas durante la
   tribulación?. 87

¿Qué sucederá con los que se conviertan durante la
   tribulación cuando mueran? 88

Si puedo salvarme durante la tribulación, ¿por qué
   debería cambiar mi vida ahora? 89

¿Es cierto que las personas no podrán suicidarse
    durante la tribulación? 91

¿Prevalecerá la promiscuidad en la tierra durante la
    tribulación?. 92

¿Quiénes son los dos testigos que predicarán el
    evangelio durante la tribulación?. 93

¿Cuándo aparecerán estos dos testigos? 95

¿Qué poderes especiales poseerán los dos testigos? . . 96

¿Qué les sucederá a los testigos?. 97

El anticristo

Si Satanás fue derrotado en la cruz, ¿por qué sigue
    teniendo tanto poder ahora y en el futuro? 101

¿Quién es el anticristo?. 103

¿Qué es la "trinidad impía"?. 105

¿Cuáles son algunos de los rasgos del anticristo? . . . 106

¿Cómo gana el anticristo el poder político?. 108

¿Quién adorará al anticristo? 109

¿Qué es la marca de la bestia? 110

¿Qué les pasará a quienes se nieguen a llevar la
    marca de la bestia? 112

¿Qué les pasará a quienes acepten la marca de
    la bestia?. 113

¿Cómo será derrotada la bestia? 114

¿Quién es el falso profeta? 115

¿Qué aspecto tendrá el falso profeta? 116

¿Qué poderes tendrá el falso profeta?. 117

¿Qué importancia tienen los 144.000 israelitas
    mencionados en Apocalipsis? 118

¿Qué quiere decir la Biblia con 144.000 vírgenes? . . 119

¿Qué significa que los 144.000 estén sellados con
la marca de Dios? 120

¿Habrá consecuencias en la tierra para quienes
adoren a la bestia?. 122

¿Experimentarán los que adoren al anticristo algo
parecido a las plagas de Egipto del Antiguo
Testamento? 124

¿Qué es el Armagedón? 126

¿Qué significa *Armagedón*? 127

¿Dónde tendrá lugar la batalla de Armagedón?. 128

¿Por qué será el monte de Meguido el enclave de la
batalla final del mundo? 130

¿Qué propósito tiene el Armagedón en el plan
de Dios? 132

¿Qué diferencia hay entre la batalla de Gog y la del
Armagedón? 134

¿Qué le sucederá al anticristo cuando dirija la
batalla de Armagedón? 137

¿Qué importancia tiene que se seque el río Éufrates,
y por qué tendrá este suceso tan perturbador
efecto sobre el anticristo? 139

La Segunda Venida

¿Será juzgada la tierra al final de la tribulación?. . . . 143

¿Qué significa exactamente que "Cristo reclamará
el mundo"? 146

¿Cómo se limpiará el mundo?. 147

¿Existen en la Biblia más referencias a la primera
venida de Cristo o a la segunda? 148

En vista de las profecías en el Antiguo Testamento
sobre la primera y la segunda venida de Cristo,
¿por qué lo rechazaron los judíos? 149

¿Cómo será la Segunda Venida? 151

¿Qué diferencias hay entre la primera y la segunda
venida del Señor? 153

¿Quién vendrá con Cristo en la Segunda Venida? . . . 154

¿Reconoceremos a Cristo cuando vuelva en la
Segunda Venida? 158

Apocalipsis menciona dos cenas, la de Dios y la cena
de las bodas del Cordero. ¿A cuál asistiré? 159

¿Qué les sucederá a la bestia (anticristo) y al falso
profeta? 160

¿Qué diferencia hay entre el tribunal de Cristo y
el juicio del gran trono blanco? 161

¿Cuándo se arrojará al lago de fuego las almas sin
esperanza de los no redimidos? 163

¿Figura mi nombre en el libro de vida? 164

El milenio

¿Qué significa la palabra *milenio*? 167

¿Cómo cabrán todos los cristianos en una sola
ciudad, la Nueva Jerusalén? 168

¿Reinará Cristo en la tierra durante mil años
literales? 169

¿Cómo será el milenio? 170

¿Qué sucederá al final del milenio? 171

¿Cuál es la diferencia entre postmilenialismo,
amilenialismo y premilenialismo? 172

¿Por qué deberíamos creer en un milenio literal
(premilenialismo)? 174

El nuevo cielo y la nueva tierra

¿Qué haremos en el cielo?. 179

¿Existe el "sueño del alma"? 181

¿Hay algo que pueda impedir que los muertos
    inconversos vayan al infierno?. 182

Como cristiano, ¿por qué no debo temer a la
    muerte?. 183

Conclusión

¿Cómo deberíamos prepararnos para los últimos
    tiempos venideros? 187

¿Qué debemos hacer cuando empezamos a ver las
    señales de los últimos tiempos?. 189

¿Por qué debería estudiar la profecía y el libro de
    Apocalipsis? 194

Notas finales. 197

Introducción

Todo estudio sobre "los últimos tiempos" puede generar una gran diversidad de preguntas, inquietudes e incluso confusión en nuestras mentes. En ocasiones, resulta difícil entender cómo es posible que pasajes complejos, lugares distantes y símbolos nada familiares puedan ser importantes para nuestra vida. Después de todo, si no entendemos lo que enseña la Biblia, ¿cómo podrá tener alguna incidencia sobre lo que experimentamos en nuestros tiempos?

No quiero que te pierdas las profundas verdades que Dios nos ha proporcionado en la Biblia. Para ayudarte a comprender y apreciar este tema, he hecho una lista de preguntas y respuestas a las dudas más frecuentes sobre la profecía bíblica. Confío en que estas respuestas sobre los acontecimientos presentes, el arrebatamiento, la tribulación, la Segunda Venida, el nuevo cielo y la nueva tierra te ayuden a vivir confiado y esperanzado, en una época repleta de incertidumbres y problemas.

Debemos recordar que la profecía es importante para Dios, y que Él desea que comprendamos su plan para el futuro. En la Biblia hallamos más de novecientas profecías sobre la Segunda Venida de Jesucristo, ¡casi tres veces más de las que anunciaron su encarnación! Dios ha sabido transmitirnos estas verdades en la Biblia, con términos que podamos entender.

Jesús advierte que mantengamos los ojos abiertos para no ser engañados por las señales que indican la inminencia de los últimos tiempos. Conforme nos acerquemos más a ellos, muchos afirmarán ser el Mesías y pretenderán tener las respuestas para un mundo atribulado. Además, el libro de Apocalipsis nos dice que esperemos un periodo de guerras incesantes, inacabables, terribles. Se diría que nos estamos preparando ya para ese momento: hoy día, el cincuenta por ciento de los científicos investigadores se dedican al desarrollo armamentístico, y el ratio es de un arma militar y 1800 kilogramos de explosivos por habitante. Por último, las enfermedades y la devastación se multiplicarán. En la actualidad, mientras lees estas líneas, millones de personas en todo el mundo carecen de alimentos, padecen nuevas enfermedades y los efectos devastadores de las catástrofes naturales. A medida que nos acerquemos más a los últimos tiempos, las hambrunas irán siendo más frecuentes. Aumentará, asimismo, el número de terremotos y calamidades. Cristo también habló de pestilencias: la propagación de dolencias hasta hoy desconocidas. Nuestro mundo experimentará una oleada de nuevas y trágicas afecciones imposibles de controlar por el hombre.

La constatación de estas señales en los medios de comunicación, en Internet y hasta en nuestras propias vidas, puede llevarnos al desespero, la ansiedad y la confusión. Cuando Jesús nos aconseja que abramos los ojos, es para animarnos a mirarle a Él —no porque eso haga desaparecer todos los problemas del mundo (y los nuestros)—, sino porque Él es el Príncipe de Paz. En las siguientes páginas, te aliento a estudiar conmigo el plan de Dios para el futuro, según voy explicando las Escrituras. Confío en que descubras, como yo lo he hecho, que estudiar y comprender los acontecimientos del mañana te ayudará a vivir hoy confiado y esperanzado.

Esperando su regreso,
David Jeremiah

Los acontecimientos del presente

La Biblia ha demostrado ser totalmente fidedigna. Por consiguiente, podemos confiar en ella como fuente de toda información fiable sobre el significado de los sucesos de nuestro tiempo, y su mensaje respecto a nuestra esperanza para el futuro al considerar el regreso de Cristo. El Señor Jesús mismo habló de la sabiduría de discernir las señales de los tiempos y de actuar de la forma adecuada mientras aguardamos su retorno (Mateo 24, Marcos 13).

. Velards
. alerto

✳

Y estando él sentado en el monte de los Olivos, los discípulos se le acercaron aparte, diciendo: Dinos, ¿cuándo serán estas cosas, y qué señal habrá de tu venida, y del fin del siglo? .

Mateo 24:3

Marcos 13:3-4

¿Por qué una nación en ciernes (Israel) —con una población *pequeña* de poco más de siete millones y un territorio apenas mayor que Nueva Jersey— se menciona en los noticieros de la noche más que cualquier otro país, salvo Estados Unidos? ¿Y qué <u>importancia</u> tiene Israel para la profecía?

Para encontrar la respuesta no debemos acudir a las noticias de la tarde ni a la primera página de un diario, sino a la Biblia.

La historia de Israel empieza cuando Dios revela su propósito soberano en Génesis, primer libro de la Biblia. Abraham y su descendencia parecen importantes para Dios. El espacio que dedica la Biblia a Israel nos indica su relevancia: confiere dos capítulos a la historia de la Creación, uno a la Caída del hombre, ocho a los miles de años transcurridos desde la Creación hasta Abraham. Y entonces descubrimos que se destinan 38 capítulos al relato de las biografías de

Abraham, Isaac y Jacob, progenitores de la raza judía.

Israel es importante, porque el cumplimiento del pacto establecido por Dios con Abraham, su fundador, nos afecta enormemente a cada uno de nosotros. La puesta en escena de los sucesos proféticos relativos a Israel nos sitúa en los últimos tiempos de la línea cronológica de la historia. La supervivencia milagrosa del pueblo del pacto de Dios, los judíos, demuestra la providencia y la capacidad divina de cumplir su propósito contra todo pronóstico de la mente humana. La existencia de Israel hoy es la prueba A de todas las evidencias convincentes del cumplimiento de todas las profecías bíblicas relativas al futuro. A día de hoy, la cuestión de quién controla Israel, la Tierra Prometida, es la más inestable de la política internacional.

Las fronteras actuales de Israel, ¿se corresponden con la promesa que hizo Dios a este pueblo en el Antiguo Testamento?

El territorio prometido a Abraham abarca un área mucho más extensa que la ocupada por la actual nación israelita. Génesis 15:18 indica que se extiende desde el mar Mediterráneo, al oeste, hasta el río Éufrates al este. Ezequiel sitúa la frontera norte de Israel en Hamat, 160 km al norte de Damasco (Ez. 48:1), y la frontera sur en Cades, unos 160 km al sur de Jerusalén (48:28).

Israel tiene una extensión equivalente a la decimonovena parte de California, y es aproximadamente del tamaño de nuestro tercer estado más pequeño, Nueva Jersey. Mide unos 420 km de largo, 97 km de ancho en sus puntos máximos, y 5 km en el lugar más estrecho.

Si contemplamos el mapa y localizamos la minúscula franja territorial perteneciente hoy a Israel, comprobamos que nunca ha ocupado del todo la tierra descrita por Dios a Abraham en la promesa de su pacto. Si Israel estuviera ocupando ya todo el territorio prometido, estaría controlando el Israel actual, El Líbano, la Ribera Occidental del río Jordán, y zonas considerables de Siria, Irak y Arabia Saudita.

MAR NEGRO

MAR MEDITERRÁNEO

Fronteras actuales

RÍO EUFRATES

GOLFO PÉRSICO

RÍO NILO

MAR ROJO

Fronteras de Génesis 15:18-21

FRONTERAS DE LA TIERRA DEL PACTO DE DIOS

¿Alcanzarán los judíos alguna vez el cumplimiento del pacto divino de que Israel fuera su posesión eterna?

El profeta Isaías afirmó que ocurriría. Profetizó: "Acontecerá en aquel tiempo, que Jehová alzará otra vez su mano para recobrar el remanente de su pueblo que aun quede" (Is. 11:11). Dios también tocó este asunto mediante Ezequiel, cuando dijo: "Y yo os tomaré de las naciones, y os recogeré de todas las tierras, y os traeré a vuestro país" (Ez. 36:24).

El cumplimiento de estas profecías se puso en marcha el 14 de mayo de 1948, cuando Estados Unidos reconoció el nuevo estado de Israel. La víspera de este anuncio, el popular comentarista radiofónico Lowell Thomas afirmó en su programa que los estadounidenses de todos los rincones del país recurrirían a sus Biblias en busca de un trasfondo histórico que les permitiera entender "ese día histórico".[1] De hecho, como demuestran las profecías de Isaías, Ezequiel, Mateo y Apocalipsis, tanto el Antiguo Testamento como el Nuevo apuntaban al día en que los judíos regresaran a la tierra que les fue prometida e iniciarían el cumplimiento de las profecías antiguas.

El gobierno israelita estableció el estado de Israel, cumpliendo así la profecía bíblica de hace 2.500 años.

¿Supone la presencia de Israel en su territorio actual el cumplimiento definitivo de la promesa divina de reunir a todo su pueblo?

¡No! Lo que está sucediendo hoy en Israel es, principalmente, el resultado de un movimiento sionista secular, cuando lo escrito por Ezequiel hablaba del retorno espiritual del pueblo de Dios a Él:

> Y yo os tomaré de las naciones, y os recogeré de todas las tierras, y os traeré a vuestro país... Os daré corazón nuevo, y pondré espíritu nuevo dentro de vosotros ... Y pondré dentro de vosotros mi Espíritu, y haré que andéis en mis estatutos, y guardéis mis preceptos, y los pongáis por obra. Habitaréis en la tierra que di a vuestros padres, y vosotros me seréis por pueblo, y yo seré a vosotros por Dios (Ez. 36:24-28).

El regreso de los judíos a la nación de Israel, ya refundada, es la primera etapa de esa reunión, pero desde luego no cumple los requisitos de un retorno espiritual al Señor.

Desde el momento en que Dios le hizo la promesa a Abraham hasta hoy, no se han cumplido aún las profecías relativas a la posesión total israelita ni la bendición de la tierra. Los sucesos más dramáticos permanecen todavía en el futuro.

¿Qué eventos relativos a la posesión total de Israel de su territorio permanecen incumplidos?

Desde su fundación, Israel ha sido atacado repetidamente, unas veces en guerras declaradas, e incesantemente por grupos terroristas. El pueblo judío ha sobrevivido a base de mantenerse alerta, pero anhela la paz. Según la Biblia, un líder futuro cumplirá este deseo estableciendo un tratado de paz de siete años con los enemigos de Israel. Pero la Escritura también nos dice que dicho acuerdo de paz se romperá, y que Israel será atacado de nuevo, como nunca antes.. Se juntarán incontables ejércitos contra la nación arrinconada, arrebatándole toda esperanza humana de victoria. Solo el regreso de Cristo, su juicio y su reinado traerán por fin la paz verdadera a Israel.

Será entonces cuando el pacto de Dios con Abraham alcanzará su cumplimiento supremo. Los judíos regresarán al Señor y, como profetizaron Ezequiel y Jeremías, serán su pueblo y Él será su Dios. Las fronteras del territorio se ampliarán hasta las dimensiones descritas en

Génesis 15 y Ezequiel 48. El regreso de Cristo cumplirá asimismo la profecía de Jeremías respecto a la reunión de todos los judíos: "He aquí que yo los reuniré de todas las tierras a las cuales los eché con mi furor... y los haré volver a este lugar, y los haré habitar seguramente; y me serán por pueblo, y yo seré a ellos por Dios" (Jer. 32:37-38).

Ezequiel deja claro que esta reunión significa que Dios devolverá a su tierra a todos y cada uno de los judíos vivos; porque escribe que el Señor afirmó que los devolvería a su propia tierra "sin dejar allí [fuera de Israel] a ninguno de ellos" (Ez. 39:28).

Hoy vemos cómo se está cumpliendo esta profecía ante nuestros ojos. En el 2006, y por primera vez en 1.900 años, Israel se convirtió en el hogar de la mayor comunidad judía del mundo, superando a la población judía de los Estados Unidos. De los 650.000 que regresaron cuando se fundó el estado israelí en 1948, la población ha incrementado hasta cerca de 5,4 millones de habitantes, y se prevé que en el 2020 sobrepasarán los seis millones.[2]

¿Es el petróleo clave para los eventos proféticos del futuro?

El petróleo explica por qué centra la Biblia su atención en Oriente Medio cuando habla de los últimos tiempos y por qué el petróleo más que cualquier otro factor de la nación israelita tiene la clave de los sucesos proféticos futuros.

Pocos cuestionarían que el petróleo se haya convertido en la nueva base de nuestra economía mundial. Hoy es un elemento vital, la materia prima más preciada para las naciones industrializadas o en vías de desarrollo de este mundo, la sangre que corre por sus venas económicas y que insufla vida a la prosperidad de la economía global moderna. La mayor fuente de esa sangre vital se halla en Oriente Medio, siendo, pues, allí donde se concentran todas las miradas del mundo.

¿Qué nos señala esto sobre los eventos venideros? En el Evangelio de Lucas, Jesús contrasta nuestra capacidad de discernir los cambios meteorológicos con nuestra incapacidad para comprender las más importantes señales de los tiempos: "Sabéis distinguir el aspecto del cielo y de la tierra; ¿y cómo no distinguís este tiempo?" (Lc. 12:56). La fascinación del mundo por el petróleo (un artículo muy valioso cuya fuente se encuentra en territorios hostiles o casi hostiles a Israel y a nosotros) se considera sin duda una "señal".

¿Qué tienen en común el petróleo y el huerto del Edén?

Hace algunos años, mi amigo Robert Morgan viajó en avión a Nueva Orleáns, y el hombre que le recibió en el aeropuerto era geofísico en una importante compañía petrolífera. Camino del hotel le explicó a Robert que los depósitos de petróleo son el resultado de la descomposición de plantas y animales enterrados durante eones de tiempo. Le indicó que el petróleo se encuentra repartido por todo el mundo, incluso bajo los hielos del Ártico y de la Antártida. Esto significa que en otro tiempo el mundo estuvo cubierto de bosques y de una exuberante vegetación, hasta que todo fue destruido durante un vasto cataclismo universal (como un diluvio mundial).

El geofísico siguió aclarando que los depósitos más ricos, profundos y grandes de petróleo existentes se hallan bajo las arenas de países situados justo al este de Israel, lugar donde según la Biblia se ubicó el huerto del Edén. Se trataba de una inmensa extensión de bosques, vegetación y jardines, con una fertilidad sin parangón en la historia humana.

Hoy solo existe arena estéril y ardiente desierto donde una vez creció un floreciente jardín de exuberante y densa flora, como el mundo no ha conocido desde entonces. Lo destruyó alguna catástrofe, y la materia vegetal se convirtió en los mayores depósitos petrolíferos mundiales. Nunca antes habría imaginado que la gasolina con la que lleno el depósito de mi auto pudiera proceder de los restos del rico y extenso follaje del huerto del Edén.

Resulta irónico pensar que Satanás pueda financiar la batalla del Armagedón, al final de la historia humana, con los ingresos generados por el mismo huerto que él estropeó al principio de la historia humana.[3]

El petróleo explica por qué centra la Biblia su atención en Oriente Medio al final de los últimos tiempos.

¿Cómo encaja la situación petrolífera actual con la profecía?

Al no poseer hoy Israel depósitos de petróleo considerables, debemos seguir tratando la realidad de un mundo en el que el petróleo sigue en manos de países hostiles a nosotros y a Israel. Por ejemplo, Ezequiel predijo un momento en que Rusia atacaría a Israel. Al detallar como sería ese ataque bélico, el profeta mencionó la coalición de algunas de las naciones que se le unirían en esa guerra. "Persia, Cus y Fut (Libia) con ellos; todos ellos con escudo y yelmo" (Ez. 38:5).

Hasta el 21 de marzo de 1935, Persia era el nombre oficial del Irán actual. En los últimos 2.500 años, Rusia no había establecido un tratado bélico con Persia/Irán... hasta ahora,[4] pero ahora ambos países han firmado una alianza militar que sigue fortaleciéndose gracias a la situación política de nuestro mundo. Hace poco Rusia firmó un contrato de mil millones de dólares para venderle misiles y otras armas a Irán. Y el vínculo es incluso más amplio, como señala Joel C. Rosenberg, exsecretario del Primer Ministro israelí Benjamin Netanyahu: "Científicos rusos expertos han formado en Rusia a más de mil científicos nucleares iraníes".[5]

Esta alianza de los últimos tiempos se profetizó hace 2.500 años, y recientemente se ha convertido en una realidad. ¡Es evidente que el escenario se está montando!

El petróleo es el nuevo oro de la economía mundial, y es la clave para los eventos proféticos futuros.

¿Qué lugar ocupa América en la profecía de los últimos tiempos?

La Biblia no hace mención específica alguna a los Estados Unidos ni a ningún otro país de Norteamérica o Sudamérica. Podría deberse a que dentro del gran programa de la historia, Estados Unidos es un recién llegado. Su existencia como nación es inferior a 250 años; es mucho más joven que las naciones de los tiempos bíblicos, que figuran en la profecía de la Biblia. De hecho, esta apenas menciona a la mayoría de los países del mundo moderno. Los profetas de la antigüedad se centraron principalmente en la Tierra Santa y sus vecinos inmediatos. Las zonas alejadas de Israel no aparecen ni se nombran en la Biblia.

John Walvoord planteó la teoría siguiente: "América participará en la mezcla de reestructuraciones políticas que presagian el final de los tiempos, pero por medio de nuestros países de origen. Los ciudadanos estadounidenses proceden, en su mayoría, de Europa, y sus simpatías estarían, lógicamente, a favor de una alianza europea…".[6] Y podemos ver ya cómo se van produciendo dichas reorganizaciones.

En abril del 2007 y con la típica ostentación presidencial, el presidente Bush dio la bienvenida en la Rosaleda de la Casa Blanca al presidente de la Comisión de la Unión Europea, Jos Barroso, y a la presidenta en funciones del Consejo Europeo, la canciller alemana Angela Merkel. Estos tres líderes firmaron el Tratado Trasatlántico de Comercio e Inversión entre los Estados Unidos de América y la Unión Europea. Menos de siete meses después, el Consejo Económico Trasatlántico celebró su primera reunión en Washington, D.C. En una declaración conjunta anunciaron: "Desde abril, Estados Unidos y la Unión Europea han dado pasos importantes para eliminar las barreras del comercio y la inversión, y para facilitar la carga administrativa".[7]

A primera vista, este acuerdo no parece revestir peligro alguno; se diría que es un mero intento de liberalizar el comercio económico entre naciones. Pero en marzo de 2008 se celebró una reunión parecida en el Departamento de Estado, menos aireada y donde se trató la posibilidad de vincular a Estados Unidos, Méjico y Canadá en una "comunidad norteamericana con la Unión Europea", en anticipación de una "Unión Económica Trasatlántica" entre la Unión Europea y Norteamérica". Uno de sus participantes —cuya identidad protegen las reglas de Chatham House, que permiten la distribución de información sin atribuirla a nadie en concreto para garantizar la confidencialidad—, hizo esta reveladora declaración:

> Norteamérica debe ser una plataforma crucial para la fundación de instituciones continentales. Por ello, debemos ampliar el perímetro de seguridad e incluir a todo el continente, sobre todo al abrir las fronteras entre los países norteamericanos para la expansión del libre comercio.[8]

Tales afirmaciones revelan una intención unificadora cuyas consecuencias trascienden el comercio económico. Además, si consideramos la velocidad con la que los líderes impulsan la unidad entre países, semejante unión no tardará en ser una realidad.

¿Predicen las Escrituras la unificación de Europa?

Hace más de dos mil años, Dios envió a su siervo Daniel una visión del futuro que se considera la visión profética más detallada jamás concedida a un ser humano. Por medio del profeta, Dios ofreció una historia compuesta de los últimos días de este mundo. El primer reino fue Babilonia, a la que seguirían los medos y los persas, los griegos, los romanos, y la Biblia habla del último reino mundial que surgiría de un Imperio romano restaurado.

Según Daniel tiene que producirse aún otra división del Imperio romano. Predice un momento en que este consistirá en diez reinos o líderes (Dn. 2:41-43; 7:7, 24). Sabemos que esta profecía de los diez reinos no solo no se ha cumplido por haber existido jamás en la historia semejante forma de Imperio romano, con diez líderes, sino también porque el reino descrito no ha sido nunca aplastado como indica la profecía. Daniel 2 afirma que, en su forma final, el Imperio romano sufrirá una destrucción repentina. No fue lo que sucedió con el imperio de la época de Jesús, que se fue deteriorando y decayendo con el paso de muchos siglos, hasta que su parte occidental cayó en el año 476 d.C., y la oriental, el Imperio bizantino, sucumbió en 1453. ¿Puedes imaginar una transición más lenta entre la gloria y el olvido? Por lo tanto, debemos concluir que en los últimos tiempos surgirá cierta forma del Imperio romano y que, según Daniel, se establecerá antes de la venida de Cristo para gobernar y reinar en el mundo. La unificación de Europa es, en realidad, la del Imperio romano. Hoy, la concentración del poder en la Unión Europea señala el principio de un nuevo orden mundial.

¿Habrá un líder mundial?

Según la profecía de Daniel, de la confederación de diez países de Europa surgirá un líder supremo: "Y tras ellos se levantará otro, el cual será diferente de los primeros, y a tres reyes derribará. Y hablará palabras contra el Altísimo, y a los santos del Altísimo quebrantará, y pensará en cambiar los tiempos y la ley; y serán entregados en su mano hasta tiempo, y tiempos, y medio tiempo" (Dn. 7:24-25). Este líder se convertirá en el dictador universal por antonomasia. Lo conocemos como el anticristo. La nueva Unión Europea es uno de los preludios necesarios para la venida del anticristo. Como escribe Arno Froese, director general de Midnight Call Ministries:

> La nueva estructura europea de poder cumplirá las predicciones proféticas respecto a la instauración de un sistema mundial. Una vez establecido, caerá en manos del anticristo.[9]

¿El líder mundial e Israel firmarán un tratado?

Dan. 9

En el capítulo 9 de su profecía, Daniel nos habla de un tratado que firmará el pueblo de Dios con el líder mundial que encabezará el Imperio romano reconstruido: "Y por otra semana confirmará el pacto con muchos; a la mitad de la semana hará cesar el sacrificio y la ofrenda" (Dn. 9:27). Daniel nos indica en este pasaje que Israel firmará un tratado con el anticristo, cuya vigencia prevista será de una "semana". En el lenguaje profético supone literalmente "una semana de años", o siete años. El propósito será intentar solventar la disputa entre árabes e israelitas que atrae la mirada del mundo hacia Oriente Medio. Transcurridos tres años y medio, ese tratado se incumplirá, y comenzará la cuenta atrás para el Armagedón.

Las profecías de Daniel nos muestran la hora: las agujas del reloj profético avanzan hacia la medianoche. Ha sonado la alarma, y será mejor hacerle caso.

¿Qué es el Eje del Mal?

En su discurso sobre el Estado de la Unión del 29 de enero del 2002, el presidente George W. Bush utilizó por primera vez la expresión *Eje del Mal*. Identificó a Irán, Irak y Corea del Norte como "estados... [que] se arman para amenazar la paz mundial... Estos regímenes —añadió— suponen una grave amenaza y un peligro creciente. Podrían facilitar esas armas a terroristas, y proporcionales los medios necesarios para dar rienda suelta a su odio".[10] El embajador de los Estados Unidos en las Naciones Unidas, John Bolton, pronunció el 6 de mayo del 2002 un discurso titulado "Más allá del Eje del Mal", en el que incluyó a otros tres países a dicho eje: Libia, Siria y Cuba. El término *Eje del Mal* incluye hoy a estos seis países.

¿Por qué tiene un interés especial para nosotros una de las naciones del Eje del Mal?

Una nación de este Eje del Mal reviste un interés especial para nosotros, porque también la hallamos en la lista de Dios. Se trata de Irán, y figura en la relación de los capítulos 38 y 39 de Ezequiel. Aunque se escribieron hace unos 2600 años, nos ofrecen una de las profecías más importantes y dramáticas de toda la Escritura. Se la conoce como la profecía contra Gog y Magog, y es la más detallada de toda la Biblia sobre una guerra. Predice la invasión de Israel en los últimos tiempos, por parte de enormes masas de tropas procedentes de una coalición de países dirigida por Irán y Rusia.

Esta invasión tendrá lugar poco después de la firma del pacto entre Israel y el nuevo líder de la Unión Europea. Este acuerdo fomentará la paz de Israel con sus vecinos islámicos. Los israelitas creerán en la protección de los poderes europeos frente a cualquier agresor o invasor extranjero..., especialmente de Rusia, que habrá unido fuerzas con Irán para desarrollar armas que arrasen Israel por completo.

Los sucesos de nuestro mundo moderno amenazan de forma inquietante con desequilibrar instituciones, reorganizar las alianzas políticas nacionales, alterar el equilibrio del poder mundial y desestabilizar la distribución equitativa de los recursos.

Gog: hombre

¿Qué países ya existentes formarán coalición para el ataque sobre Israel profetizado por Ezequiel?

Vino a mí palabra de Jehová, diciendo: Hijo de hombre, pon tu rostro contra Gog en tierra de Magog, príncipe soberano de Mesec y Tubal, y profetiza contra él, y di: Así ha dicho Jehová el Señor: He aquí, yo estoy contra ti, oh Gog, príncipe soberano de Mesec y Tubal. Y te quebrantaré, y pondré garfios en tus quijadas, y te sacaré a ti y a todo tu ejército, caballos y jinetes, de todo en todo equipados, gran multitud con paveses y escudos, teniendo todos ellos espadas; Persia, Cus y Fut con ellos; todos ellos con escudo y yelmo; Gomer, y todas sus tropas; la casa de Togarma, de los confines del norte, y todas sus tropas; muchos pueblos contigo. Prepárate y apercíbete, tú y toda tu multitud que se ha reunido a ti, y sé tú su guarda (Ez. 38:1-7).

Como ves, la profecía de Ezequiel empieza con una lista de nombres propios. Muchos de estos identifican a ciertos nietos y biznietos de Noé, padres de las naciones que durante un tiempo llevaron su nombre (ver Gn. 10). Hoy día, estos países no conservan sus nombres originarios y acabarán formando una coalición que marchará contra Israel. Al identificarlos con sus nombres actuales y situarlos en el mapa moderno vemos cómo se va preparando el escenario para la anunciada invasión ruso-islámica de Israel.

Gog es una excepción en la lista de Ezequiel, porque no es uno de los descendientes de Noé mencionados en Génesis 10. Sin embargo, aparece once veces en Ezequiel 38–39. No es el nombre de un país, sino el título del gobernador

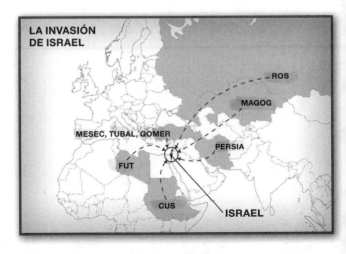

LA INVASIÓN DE ISRAEL

ROS

MAGOG

MESEC, TUBAL, GOMER

PERSIA

FUT

CUS

ISRAEL

de Magog —príncipe de Ros, Mesec y Tubal—, aquel que dirigirá la invasión de Israel. De hecho, *Gog* significa "dirigente" o "el que manda". Es evidente que Gog es un individuo y no una nación, porque en esta profecía Dios se dirige varias veces a él como tal (Ez. 38:14; 39:1). Además, en Ezequiel 38:2 y 39:1 a Gog se le califica explícitamente de príncipe y gobernante.

¿En qué punto se halla la unión de fuerzas entre Rusia, Irán y otras naciones musulmanas?

Durante la primera visita del presidente ruso Vladimir Putin a Irán, en octubre del 2007, según un periódico iraní "tranquilizó a Irán respecto a la conclusión del proyecto energético de mil millones de dólares para la construcción del reactor nuclear ruso Bushehr, varias veces demorada". Dicho informe sugería, asimismo: "El resultado más importante del viaje de Putin ha sido, quizás, demostrar la independencia de Rusia frente a Estados Unidos y Occidente".[11] Como líder ruso, Putin visitó también por primera vez países musulmanes como Arabia Saudí, Qatar, Jordania, Emiratos Árabes Unidos, Indonesia y, de forma más reciente, Libia. Todo indica que sus visitas tuvieron éxito en lo económico, y resultaron en acuerdos y contratos lucrativos enfocados a otros esfuerzos conjuntos en la producción de petróleo y la exploración de las reservas de gas natural.

Al parecer, el mandatario ruso también tuvo éxito en el terreno político. En Libia, el presidente Gadhafi y Putin acordaron que las Naciones Unidas "tenían que ser reformadas para afrontar un 'desequilibrio de fuerzas' en el terreno internacional", y sobre todo "el Consejo de Seguridad, con el que podamos trabajar en conjunto para resolver problemas. En otras palabras, trabajando juntos podrían eliminar el poder de veto que ostenta Estados Unidos, favoreciendo así el progreso de sus causas mutuas".[12]

Al recuperar la osa sus fuerzas, procura sin cesar devolver a sus cachorros a la cueva.

¿Cuándo será invadido Israel?

Ezequiel no proporciona una fecha concreta para la invasión, pero sí nos da múltiples maneras de identificar cuándo ocurrirá: "De aquí a muchos días... al cabo de años..." (Ez. 38:8); "En aquel tiempo, cuando mi pueblo Israel habite con seguridad..." (v. 14); "Y subirás contra mi pueblo Israel como nublado para cubrir la tierra; será al cabo de los días" (v. 16).

El profeta nos comunica que Israel será invadido en los "últimos años" futuros. Sucederá en un momento de paz y seguridad, cuando no tenga conflicto alguno con otras naciones.

¿Se ha producido alguna vez un momento así en la historia de Israel? No. ¿Es hoy ese día? ¡No! ¿Cuándo llegará esa época? El único periodo en la vida de Israel que satisface este requisito es el momento inmediatamente posterior al arrebatamiento de la Iglesia, cuando el anticristo y la Unión Europea firmen un tratado con Israel que garantice su paz y su seguridad. Una vez rubricado el acuerdo, Israel relajará la vigilancia mantenida desde la fundación de su país en 1948. Confiará en el tratado y apartará su atención

de la defensa para concentrarla en el enrique-
cimiento nacional. Será, literalmente, una tierra
de ciudades sin muros. Tendrá la guardia baja y
la invasión de los ejércitos rusos y la coalición lo
hallarán trágicamente desprevenido.

La nación de Israel es una
república democrática rodeada
por 22 dictaduras árabes o
islámicas hostiles, con un tamaño
640 veces superior al suyo y una
población 60 veces mayor.

¿Qué propósito tiene la invasión de Israel?

La futura invasión de Israel cuenta con tres objetivos principales. El primero será adueñarse de su territorio. En palabras de Ezequiel, la meta será "poner tus manos sobre las tierras desiertas ya pobladas" (Ez. 38:12). El segundo objetivo de los invasores será robarle a Israel sus riquezas: "para arrebatar despojos y para tomar botín, para poner tus manos sobre las tierras desiertas ya pobladas, y sobre el pueblo recogido de entre las naciones, que se hace de ganado y posesiones, que mora en la parte central de la tierra... para tomar botín, para quitar plata y oro, para tomar ganados y posesiones, para tomar grandes despojos" (vv. 12-13).

Y en el Israel moderno hay muchas riquezas que saquear, como vemos en la siguiente cita de un artículo reciente en el *Jerusalem Post*: "A pesar de contar con una población de poco más de siete millones de personas... hoy habitan Israel más de 7.200 millonarios... De las 500 personas más ricas del mundo, seis son israelitas y, por lo general, en el año 2007 los adinerados de Israel poseían acciones por un valor superior a 35.000 millones de dólares... El PIB de Israel casi duplica el de cualquier otro país de Oriente Medio".[13]

Según el "índice de prosperidad", Israel declaró en el 2008 que disponía de bienes y servicios por valor de más de 70.000 millones de dólares, incluidos 34.200 millones tan solo en el sector de la tecnología. "Israel es el país de Oriente Medio que ocupa el primer puesto de este índice".[14]

Por último, el objetivo supremo de los países invasores será la masacre absoluta de todo el pueblo de Israel: "Subiré contra una tierra indefensa, iré contra gentes tranquilas que habitan confiadamente; todas ellas habitan sin muros, y no tienen cerrojos ni puertas... para poner tus manos... sobre el pueblo recogido de entre las naciones... y subirás contra mi pueblo Israel como nublado para cubrir la tierra" (Ez. 38:11, 12, 16). El odio histórico acumulado hacia los judíos impulsará a esos ejércitos con la seguridad de que, esta vez, los israelitas no escaparán de la muerte.

¿Qué propósito tiene Dios en la guerra y la destrucción descritas en la profecía de Ezequiel?

Para entender qué sucede en la guerra y la destrucción descritas en la profecía de Ezequiel, debemos considerar primero la soberanía del plan divino. Incluso en las épocas más devastadoras, Dios sigue teniendo el control. De hecho, a menudo orquesta los acontecimientos para cumplir sus propósitos. Nos indica en términos muy claros lo que hará con los enemigos de Israel: "Y te quebrantaré, y pondré garfios en tus quijadas, y te sacaré a ti y a todo tu ejército, caballos y jinetes" (Ez. 38:4); "Será al cabo de los días; y te traeré sobre mi tierra" (v. 16); "Y te quebrantaré, y te conduciré y te haré subir de las partes del norte, y te traeré sobre los montes de Israel" (Ez. 39:2).

El Antiguo Testamento, en especial, pretende mostrarnos que Dios es el gobernador supremo sobre todas las cosas. Aunque los seres humanos intenten frustrar los planes divinos y provocar una gran destrucción, el propósito de Dios siempre vencerá. Cuando Ezequiel afirma que Dios traerá al enemigo contra su tierra, solo quiere señalar que Él llevará a esas naciones al destino que merece inevitablemente su maldad. Al final, todos cumplen la voluntad divina. Quienes se conforman a su voluntad lo hacen por voluntad propia; los que no lo hacen actúan, sin percatarse, como instrumentos ignorantes en sus manos.

Dios tiene un propósito claro y sencillo para la batalla catastrófica de los últimos tiempos: quiere que su pueblo lo reconozca como el Señor Dios de los cielos cuyo nombre es santo, cuya gloria llena el universo, y a quien los hombres deben reconocer como soberano si quieren hallar la paz y el gozo que Dios desea para su pueblo.

Como tan gráficamente nos muestra Ezequiel, Dios destruirá el Eje del Mal en los últimos días y esto resultará en la salvación de su pueblo, la nación de Israel. Al identificar este Eje del Mal con las naciones modernas que, sin saberlo, se empeñan en cumplir esta devastadora profecía, podemos ver claramente cómo los eventos modernos conducirán al cumplimiento supremo de los propósitos divinos.

¿Qué significa Islam y con cuántos seguidores cuenta?

La palabra *Islam* significa, literalmente, "sumisión". Un musulmán es "alguien que se somete a Dios". Según una estimación prudente, en nuestro mundo actual hay cerca de 1.500 millones de musulmanes. De estos, 1,4 millones vivirían en Estados Unidos, y esto representa alrededor del 6% de la población adulta estadounidense. Aunque solemos asociar el Islam con Oriente Medio, las mayores poblaciones musulmanas están en Asia.[15]

Si bien la mayoría de los 1.500 millones de musulmanes existentes en el mundo no quieren participar en la mortífera violencia y solo aspira a vivir en paz con sus vecinos, cada vez es mayor el número de radicales que predican la violencia y el terror por el mundo.

¿Cuál es la historia del Islam?

Según la tradición islámica, Mahoma, fundador del Islam, nació en La Meca (en la actual Arabia Saudita) en el año 570 d.C. Su padre murió antes del nacimiento del profeta, y su madre falleció cuando él solo tenía seis años. Lo crió su abuelo paterno; trabajó como camellero y más tarde, como comerciante; cuando tenía 26 años, se casó con una adinerada propietaria de caravanas llamada Jadiya.

Los trabajos desempeñados por Mahoma lo pusieron en contacto con numerosos cristianos y judíos que le hicieron cuestionar la religión de su propio pueblo. Tenía cuarenta años y, mientras meditaba en una cueva a las afueras de La Meca, recibió su primera revelación. A partir de ese momento, según su testimonio, Dios le revelaba mensajes ocasionales que él transmitía a su pueblo. Estos mensajes, que Mahoma recibió durante toda su vida, constituyen los versículos del Corán que los musulmanes consideran la palabra divina de Dios.

En el mundo árabe del siglo VII se adoraba a más de 360 dioses distintos, uno por cada día

Alá

del año lunar. Uno de ellos era el dios de la luna, contrapartida masculina de la diosa del sol. Se le conocía por diversos nombres, uno de los cuales era Alá, y era el dios favorito de la familia de Mahoma.

Cuando Mahoma empezó a promocionar su nueva religión, lo más natural fue optar por exaltar al dios de la luna, Alá, y declararlo único Dios verdadero. Su devoción a Alá fue incondicional y feroz; al fundar y extender su religión del Islam, Mahoma masacró a millares de personas que se negaron a convertirse. Como muestran sus instrucciones a sus seguidores, en su técnica evangelizadora no había sutileza: "Matad a quien rechace esta fe… Alá me ha ordenado que luche con la gente hasta que todos testifiquen que no hay más dios que Alá, y que Mahoma es su profeta".[16]

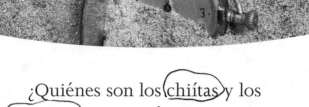

¿Quiénes son los chiítas y los sunitas, y por qué suponen una amenaza para los cristianos?

L a oposición hallada en La Meca obligó a Mahoma y a sus seguidores a huir a Medina en el año 620; allí se convirtió en la cabeza de la primera comunidad musulmana. En el año 631 regresó a La Meca, donde murió al año siguiente. A su muerte, la comunidad islámica sufrió una amarga división por la cuestión de la sucesión de Mahoma. Este cisma sigue hoy vigente en las dos sectas islámicas, conocidas hoy como chiítas y sunitas. El conflicto entre ellas es uno de los factores de tensión más importantes en Irán y en todo el mundo islámico.

A la muerte de Mahoma, el grupo conocido como sunita o suní siguió el liderazgo de Abú Bakr, uno de los suegros de Mahoma. Los sunitas constituyen alrededor del 90% del mundo islámico. Creen que los dones espirituales de Mahoma murieron con él, y que la única autoridad reside ahora en el Corán. El partido Baaz de Saddam Hussein formaba parte de la secta sunita.

yerno

Los chiítas sostenían que Mahoma, además del Corán, dejó tras sí un legado de autoridad personal, como explica el escritor Winfried Corduan:

> Por otro lado, los chiítas se identificaron con el yerno de Mahoma, Alí, en quien reconocían el empoderamiento espiritual directo del profeta. Los chiítas creen que sus líderes, los imanes, tienen una autoridad equivalente a la del Corán; creen que el duodécimo imán se ocultó hace cientos de años y que sigue vivo hasta el regreso del Mahdi... ¡el Mesías musulmán![17]

Sunitas

Abú Bakr sucedió a Mahoma, y tanto él como sus sucesores lanzaron *yihads*, o guerras santas, que extendieron el Islam desde el norte de España hasta la India, y amenazaron a la Europa cristiana. Los cristianos lucharon contra esta amenaza, y se produjo una serie de guerras que hicieron retroceder a los invasores islámicos hasta los países de Oriente Medio, donde siguen teniendo el control. Sin embargo, el celo porque su religión domine el mundo no ha disminuido, y sigue siendo una amenaza para todos los que no mantengan la vigilancia.

¿Qué significa yihad?

La palabra más temible asociada con el Islam es *yihad*. A veces se denomina "el sexto pilar del Islam" y significa "lucha". La mayor *yihad* es la lucha interna de cada musulmán para someterse a Alá. La *yihad* menor es la lucha externa para defender a la comunidad islámica. Esta es la que provoca temor entre los enemigos del islam. Los musulmanes militantes la interpretan como algo más que la defensa pasiva del Islam; para ellos, autoriza la expansión de la religión islámica hasta por medio de la agresión letal.

El odio manifiesto hacia Occidente expresado en la *yihad* ya ha generado muchos atentados mortíferos, y el fanatismo que los engendró no ha disminuido. En el libro que Benazir Bhutto, exprimera ministro de Pakistán, acabó de escribir pocos días antes de su asesinato, indicó que uno de los principales objetivos de los militantes es:

> provocar un choque de civilizaciones entre Occidente y… el Islam. La gran esperanza de los militantes es una colisión, una explosión

entre los valores occidentales y aquellos que, para los extremistas, son los del Islam… Los ataques del 11 de septiembre del 2001 presagiaron el… sueño de confrontación sangrienta… Si prevalecieran los fanáticos y los extremistas… un gran *fitna* (caos provocado por un cisma o una división) barrería el mundo. Esta es su meta suprema: el caos.[18]

El odio que los musulmanes sienten hacia los judíos no precisa documentación. No obstante, que Israel se estableciese en su patria, en 1948, llevó este aborrecimiento al extremo de furia asesina. Los militantes y los radicales aluden a Israel como "el pequeño Satán", a Estados Unidos como "el gran Satán", y están decididos a borrar del mapa a ambos países.

¿Qué es la *fatah*?

Podemos detectar fácilmente los efectos de la *yihad* en el terrorismo militar, pero nos cuesta más apreciar y resistirnos a la estrategia más sutil que los musulmanes denominan *fatah*. Significa infiltración, colarse en un país en número suficiente como para afectar a su cultura. Significa aprovecharse de las leyes tolerantes y de las políticas acomodaticias para insertar la influencia del Islam. En lugares donde la invasión militar fracasaría, los métodos lentos, sistemáticos e implacables de la *fatah* conquistan países enteros. Veamos un ejemplo:

En Francia se está produciendo hoy una revolución demográfica. Algunos expertos predicen que en el año 2040 el 80% de los habitantes de Francia serán musulmanes. En ese momento, la mayoría musulmana controlará el comercio, la industria, la enseñanza y la religión. Dominarán, asimismo, el gobierno, y ocuparán los puestos clave del Parlamento francés. Además, el presidente será musulmán.[19]

¿Qué otros términos se usan para describir el objetivo islámico de dominar el mundo?

Otros de los términos usados para describir la meta islámica de la conquista mundial son *yihad biológica* o *yihad demográfica*, que describen la estrategia no violenta de los musulmanes que se mudan a Europa y a Occidente, y cuya prole supera a la de sus anfitriones. Confían en haber repoblado, al cabo de varias generaciones, las culturas tradicionalmente cristianas con su propia gente, y desde luego van por buen camino para alcanzar esa meta. Según el informe emitido recientemente por el Vaticano, la Iglesia Católica Romana entiende esto: "Por primera vez en la historia no ocupamos la primera posición; los musulmanes nos han superado".[20]

¿Espera el Islam el regreso de su mesías?

¡La respuesta a esta pregunta es un *sí* rotundo! Esta esperanza islámica afloró en un discurso pronunciado por el presidente iraní Mahmoud Ahmadinejad, discípulo del ayatolá Jomeini, el clérigo que organizó la revolución de 1979 y que logró convertir Irán en un estado islámico estricto. En 2005 convocaron a Ahmadinejad ante el Consejo de Seguridad de las Naciones Unidas para que explicase su incesante determinación por desarrollar armamento nuclear. Inició su discurso declarando: "En nombre del Dios de misericordia, compasión, paz, libertad y justicia…", y lo acabó con esta oración: "Te ruego que apresures la llegada de tu último repositorio, el prometido, el ser humano perfecto y puro, que llenará este mundo de justicia y de paz".[21] El "prometido" mencionado en la oración de Ahmadinejad era una referencia al duodécimo imán, personaje de la enseñanza chiíta paralelo a la figura del Al-Mahdi de la doctrina sunita. Básicamente, ambos títulos aluden al mesías islámico que aun no ha regresado.

El Islam chiíta cree que el duodécimo imán solo puede aparecer en una época en que el mundo esté sumido en el caos. Esto explica muchos de los actos desafiantes de Ahmadinejad: por qué sigue adelante con su programa nuclear a pesar de la censura mundial, y la razón de su obcecación por destruir Israel. En su deplorable discurso del 25 de octubre del 2005 dijo: "Israel tiene que ser borrado del mapa", y advirtió a los líderes musulmanes que reconocen al estado de Israel que se enfrentarían "a la ira de su propio pueblo".[22] Mediante estos actos desafiantes y divisivos, Ahmadinejad fomenta ese entorno caótico que, según él, propiciará la llegada del mesías islámico. En un discurso televisado pronunciado en 2008, Ahmadinejad reiteró: "Lo que ahora tenemos es el último capítulo... Acepten que la vida de los sionistas acabará tarde o temprano".[23] El 14 de marzo, Ahmadinejad "arrasó en las elecciones nacionales, con un respaldo del 70%".[24]

El mundo en su totalidad no parece tomarse en serio a Ahmadinejad, pero el pueblo de Israel es una excepción. Entienden que está decidido a exterminarlos; y las palabras del profeta Ezequiel respaldan este punto de vista. Nos señala que el odio que siente Irán (actual nombre de la Persia bíblica) hacia la nación judía jugará un papel relevante en una importante batalla de los últimos tiempos.

El arrebatamiento

Llevar a la Iglesia a su hogar

La venida de Cristo se acerca a gran velocidad. Todas las profecías pendientes de cumplimiento antes de su venida parecen ya cumplidas. El Señor descenderá con grito de mando y con trompeta de Dios. Todos los creyentes, vivos o muertos, se reunirán de repente con su Señor en el aire. La Iglesia aguarda, cual amante esposa, la culminación final de la unión con su Esposo.

＊

Por mal que estén ahora las cosas
en nuestro mundo, podrían ir a
peor (y lo harán). Una influencia
de retención frena este mal,
esta oscura marea satánica de
perversión y maldad. ¿Quién tiene
poder para contener a Satanás?
Solo Dios. Y Dios Espíritu Santo,
la tercera Persona de la Trinidad,
es quien fija hoy los límites que
mantienen a raya ese océano de
maldad.

Until Christ Returns

¿Qué es el arrebatamiento (rapto)?

Según mi diccionario online, la palabra *arrebatamiento* o *arrebato* significa "una expresión o manifestación de éxtasis o de pasión" y "dejarse llevar por una emoción incontrolable".[25] Pero la Biblia indica un significado adicional: millones de personas desaparecerán de la faz de la tierra en menos de un milisegundo. El propósito de dicha evacuación consiste en evitar una espantosa devastación. El pueblo de Dios será apartado de los efectos catastróficos de los terremotos y los incendios futuros, y del caos mundial.

La palabra *arrebatamiento* es una expresión utilizada en la Biblia para describir el momento en que todos los cristianos serán retirados del mundo antes de los últimos tiempos. El Señor descenderá con un grito y con trompeta de Dios. Todos los creyentes, vivos o muertos, se reunirán de repente con su Señor en el aire.

El enfoque del arrebatamiento no está en contemplar este evento desde el punto de vista de quienes permanecerán en el mundo, sino de los que son evacuados. Antes del estallido del periodo de la tribulación, todos los seguidores auténticos del Señor serán trasladados de este mundo directamente hasta su presencia. El arrebatamiento cumplirá la promesa hecha a sus discípulos en Juan 14:1-3:

> No se turbe vuestro corazón; creéis en Dios, creed también en mí. En la casa de mi Padre muchas moradas hay; si así no fuera, yo os lo hubiera dicho; voy, pues, a preparar lugar para vosotros. Y si me fuere y os preparare lugar, vendré otra vez, y os tomaré a mí mismo, para que donde yo estoy, vosotros también estéis.

Los seguidores de Cristo que sean arrebatados se librarán del trauma de la muerte y de las catástrofes que se producirán cuando irrumpa la tribulación en este mundo. Es, sin duda, motivo de un verdadero rapto por parte de quienes aman al Señor y anhelan estar con Él.

El Nuevo Testamento nos dice que este traslado al cielo o arrebatamiento de aquellos que hayan puesto su confianza en Cristo es el siguiente evento crucial del calendario profético. En otras palabras, es algo que se vislumbra en el horizonte… podría suceder en cualquier momento. Este es el claro mensaje de la Biblia, y una verdad que he venido enseñando a lo largo de mis años de ministerio.

¿Cuál es la diferencia
entre el arrebatamiento
y la Segunda Venida?

Confundir estos dos conceptos ha dado pie a muchos malentendidos. Cuando hablamos de las señales indicativas del regreso de Cristo, no estamos aludiendo al arrebatamiento, sino al regreso definitivo del Señor a este mundo con todos sus santos. Según el libro de Apocalipsis, la venida de Cristo se producirá después del traslado de la Iglesia al cielo, y se diferencia de este en al menos dos sentidos.

Primero, el arrebatamiento será un acto "sigiloso", en el que solo los creyentes verán a Cristo. Por el contrario, su Segunda Venida será un evento público. Todo el mundo lo verá: "He aquí que viene con las nubes, y todo ojo le verá, y los que le traspasaron; y todos los linajes de la tierra harán lamentación por él" (Ap. 1:7; ver también Zac. 14:1, 3-5; Ap. 19:1-21).

Segundo, los arrebatados son todos los creyentes. Jesús los llevará inmediatamente al cielo con Él. Pero cuando Cristo regrese a este mundo, siete años después, en su Segunda Venida, lo hará para quedarse. Este regreso, al que a veces se alude como "el Segundo Adviento", tendrá lugar al final del periodo de la tribulación, y tras él se iniciará el milenio, el reinado de Cristo en el mundo durante mil años. De modo que el rapto ocurrirá primero, siete años antes del Segundo Adviento. En ese momento, Cristo nos llevará para que estemos con Él en el cielo, inmediatamente antes del periodo de siete años de la tribulación. En segundo lugar, volveremos con Él a la tierra durante su Segunda Venida.

Existe otra diferencia importante. El arrebatamiento no tiene que ir precedido de evento profético alguno. Todo forma parte del perfecto marco cronológico establecido por Dios. Cuando predico sobre las señales visibles del inminente regreso del Señor, me refiero a eventos aún por suceder antes del regreso de Cristo en la Segunda Venida.

❋

Por mal que se estén poniendo las cosas, no exageramos al hablar del horror que invadirá el mundo cuando la sociedad pierda la influencia moderadora de los cristianos.

¿Qué dice el apóstol Pablo sobre el arrebatamiento?

En este pasaje, Pablo nos señala todo lo que necesitamos saber sobre el arrebatamiento:

> Tampoco queremos, hermanos, que ignoréis acerca de los que duermen, para que no os entristezcáis como los otros que no tienen esperanza. Porque si creemos que Jesús murió y resucitó, así también traerá Dios con Jesús a los que durmieron en él.
>
> Por lo cual os decimos esto en palabra del Señor: que nosotros que vivimos, que habremos quedado hasta la venida del Señor, no precederemos a los que durmieron. Porque el Señor mismo con voz de mando, con voz de arcángel, y con trompeta de Dios, descenderá del cielo; y los muertos en Cristo resucitarán primero. Luego nosotros los que vivimos, los que hayamos quedado, seremos **arrebatados** juntamente con ellos en las nubes para recibir al Señor en el aire, y así estaremos siempre con el

Señor. Por tanto, alentaos los unos a los otros con estas palabras (1 Ts. 4:13-18).

Primero, Pablo escribió: "Tampoco queremos, hermanos, que ignoréis acerca de los que duermen, para que no os entristezcáis como los otros que no tienen esperanza" (4:13). El apóstol se refiere aquí a la ignorancia de los tesalonicenses sobre el estado de quienes habían muerto creyendo en Cristo. La palabra usada en esta descripción es de gran importancia para todos los creyentes actuales. Pablo afirmó que habían *dormido*. Para el término traducido *dormir* empleó la palabra griega *koimáo*, una de cuyas acepciones es "dormir con el sueño de la muerte". Se utiliza la misma palabra para describir la muerte de Lázaro, Esteban, David y Jesucristo.

Lázaro: "Dicho esto, les dijo después: Nuestro amigo Lázaro *duerme*; mas voy para despertarle" (Jn. 11:11).

Esteban: "Y puesto [Esteban] de rodillas, clamó a gran voz: Señor, no les tomes en cuenta este pecado. Y habiendo dicho esto, *durmió*" (Hch. 7:60).

David: "Porque a la verdad David, habiendo servido a su propia generación según la voluntad de Dios, *durmió*, y fue reunido con sus padres, y vio corrupción" (Hch. 13:16).

Jesucristo: "Mas ahora Cristo ha resucitado de los muertos; primicias de
los que *durmieron* es hecho" (1 Co.
15:20).

Este concepto de la muerte se enfatiza en el
maravilloso término adoptado por los cristianos
primitivos para los lugares donde estaban enterrados sus seres queridos. Era la palabra griega
koimetérion, que significa "casa de reposo para
forasteros, lugar para dormir". De esta palabra
derivamos el vocablo español *cementerio*. En la
época de Pablo, este término se usaba para las
posadas, o lo que llamaríamos hoy hotel o motel.
Nos alojamos en un hotel Hilton o una Ramada
Inn con la esperanza de pasar una noche de
sueño reparador y despertar por la mañana, reno-
vados, y deseosos de continuar viaje. Es exactamente la idea que Pablo expresa con palabras
como *koimáo* y *koimetérion*. Cuando mueren
los cristianos, es como si estuvieran dormidos
plácidamente en un lugar de reposo, listos para
despertarse cuando vuelva el Señor. Son palabras de gran importancia, porque transmiten la
idea cristiana de la muerte como sueño temporal
y no como un estado definitivo y trágico.

A continuación, en este mismo pasaje de
Tesalonicenses, vemos cómo Pablo confirma
la esperanza de ellos respecto a que sus seres
queridos vivirían de nuevo. Lo hace vinculando

esa esperanza a la resurrección tras el arrebatamiento: "para que no os entristezcáis como
los otros que no tienen esperanza. Porque si
creemos que Jesús murió y resucitó, así también
traerá Dios con Jesús a los que durmieron en él"
(1 Ts. 4:13-14). Pablo les está diciendo a ellos
(y a nosotros) que el plan de Dios para nuestro
futuro nos ofrece una perspectiva tan nueva de
la muerte para que no nos venza la tristeza y
la desesperación cuando muera alguien a quien
amamos: cuando todos los creyentes vivos sean
arrebatados, los que murieron en Cristo resucitarán para estar con Él.

¿Regresará Cristo durante el arrebatamiento?

En 1 Tesalonicenses, Pablo afirma: "Porque el Señor mismo con voz de mando, con voz de arcángel, y con trompeta de Dios" (4:16). Mientras lees estas palabras, el Señor Jesucristo está sentado en los cielos a la diestra del Padre todopoderoso. Pero llegado el momento oportuno, Jesús iniciará el arrebatamiento; se levantará literal y físicamente del trono, recorrerá los pasillos de luz y descenderá a la atmósfera del planeta Tierra, al monte de los Olivos, desde donde ascendió a los cielos hace dos mil años. No serán los ángeles ni el Espíritu Santo quienes acudan a llevarse a los creyentes al cielo, sino el Señor mismo.

¿Quién resucitará en el momento del rapto?

En 1 Tesalonicenses 4:16, Pablo nos dice: "Y los muertos en Cristo resucitarán primero". Como indica aquí, el llamado a la resurrección en el arrebatamiento no convocará a todos los muertos, sino solo a los creyentes. Mucho más tarde habrá otro momento en que *todos* los muertos resucitarán para comparecer ante el trono blanco del juicio. Pero en esta primera "convocatoria" nuestros seres queridos creyentes que ya hayan muerto resucitarán para ocupar el primer lugar en el programa del arrebatamiento.

A continuación, Pablo explica el siguiente evento en la secuencia del rapto. "Luego nosotros los que vivimos, los que hayamos quedado, seremos arrebatados" (1 Ts. 4:17). La palabra *arrebatados* es la traducción de un término griego, una de cuyas acepciones es "agarrar de pasada o llevarse algo con rapidez". Este participio subraya la naturaleza repentina del arrebatamiento. Pablo describe esta premura en su carta a los corintios: "en un momento, en un abrir y cerrar de ojos, a la final trompeta; porque se tocará la trompeta, y los muertos serán resucitados incorruptibles, y nosotros seremos transformados" (1 Co. 15:52).

Pablo prosigue con su explicación: "Luego nosotros los que vivimos, los que hayamos quedado, seremos arrebatados juntamente con ellos [los creyentes muertos que habrán resucitado] en las nubes para recibir al Señor en el aire, y así estaremos siempre con el Señor" (1 Ts. 4:17). Fíjate que Pablo empieza con la palabra "luego", un adverbio que indica secuencia. Conecta los eventos que ya hemos visto del arrebatamiento con este suceso final, dándoles un orden definido de reunión secuencial, de este modo:

- Los cuerpos de los muertos se reúnen con sus espíritus
- Los creyentes resucitados se reúnen con los creyentes vivos
- Los creyentes resucitados y los arrebatados se reúnen con el Señor

Como señala Pablo, la consecuencia suprema de esta reunión con el Señor será que no habrá más separación. Tras su regreso, nuestra unión y comunión con Él serán ininterrumpidas y eternas. Este hecho glorioso, por sí solo, nos indica por qué la palabra *arrebatamiento* es un término preciso para describir este acontecimiento.

¿Formarán parte del rapto los incinerados?

Cuando la Escritura dice "los muertos en Cristo resucitarán", ¡habla de la resurrección corporal de todos los creyentes! En ese momento, los espíritus de los creyentes se unirán con sus cuerpos de resurrección, perfectos y completos. "Porque el Señor mismo con voz de mando, con voz de arcángel, y con trompeta de Dios, descenderá del cielo; y los muertos en Cristo resucitarán primero [¡sin excepciones!]. Luego nosotros los que vivimos, los que hayamos quedado, seremos arrebatados juntamente con ellos en las nubes para recibir al Señor en el aire, y así estaremos siempre con el Señor. Por tanto, alentaos los unos a los otros con estas palabras" (1 Ts. 4:16-18).

¿Qué sucederá en los cielos después del arrebatamiento?

Después del arrebatamiento, nos presentaremos uno por uno ante el <u>tribunal de Cristo</u> (2 Co. 5:10); no se decidirá entonces si entra al cielo, porque ya estaremos allí. Será el momento de rendir cuentas sobre las obras realizadas en la tierra, y seremos recompensados en consecuencia. El Señor nos asignará lugares de autoridad en el milenio venidero según nuestra fidelidad hacia Él mientras estuvimos en el mundo, y la influencia que dejamos atrás.

¿Por qué debemos evitar determinar fecha y hora para el arrebatamiento?

La cuestión es que no podemos calcular el día en que regresará Cristo, porque Dios mismo escogió específicamente no revelárnoslo.

Cuando los apóstoles preguntaron a Jesús sobre los últimos tiempos, Él les respondió con cariño, pero con firmeza: "No os toca a vosotros saber los tiempos o las sazones, que el Padre puso en su sola potestad; pero recibiréis poder, cuando haya venido sobre vosotros el Espíritu Santo" (Hch. 1:7-8). Solo Dios sabe cuál es ese momento cuando acabarán nuestros tiempos. El calendario de Dios es el único que importa (1 Ts. 5:1-2; Mt. 24:36, 42, 44, 50; Mt. 25:13).

La verdad futura incide en la responsabilidad presente. Saber que el Señor vuelve pronto añade premura a nuestros pasos y determinación a nuestro servicio.

¿Cómo nos afecta hoy la esperanza del arrebatamiento?

Concluida la descripción del rapto para los tesalonicenses, Pablo remata el pasaje con un consejo práctico: "por tanto, alentaos los unos a los otros con estas palabras" (1 Ts. 4:18).

El apóstol está explicándoles a los tesalonicenses, y a los creyentes de hoy, que se requiere algo más que la comprensión pasiva de lo que acaba de exponer sobre el arrebatamiento, la muerte de los cristianos y la resurrección. Nuestra comprensión debería espolearnos a una acción concreta: "alentarnos los unos a los otros". Y en los versículos anteriores nos ha proporcionado exactamente el tipo de información que posibilita el verdadero consuelo. Cuando los creyentes pierden a familiares o amigos muy queridos, en las descripciones que Pablo hace de la muerte y la resurrección del cristiano hallamos todo lo necesario para consolarnos unos a otros. La muerte del creyente no es permanente; solo es un "sueño". Llegará el momento apoteósico en el que nos reuniremos con nuestros seres queridos, cuando Cristo mismo nos llame y salgamos de este mundo o de nuestras tumbas para estar eternamente con Él en una relación extática de amor eterno. Por ello, Pablo nos dice que deberíamos consolarnos unos a otros, recordándonos que, para los cristianos, lo que llamamos muerte solo es un sueño transitorio antes de la llamada de Cristo a esa relación ininterrumpida con Él para siempre.

La muerte del cristiano no es permanente; solo es un sueño.

"Todo el mundo oirá el evangelio antes del regreso de Cristo…". "Jesús podría volver en cualquier momento…". ¿Cómo pueden ser ciertas estas dos afirmaciones?

Primeramente, ¡Jesús podría volver esta misma noche! Pero quizás oigas decir a algunos que el arrebatamiento no puede producirse hasta que el mundo entero haya oído el evangelio y que, por tanto, hemos de predicárselo a toda criatura para que entre en el reino "la última persona que ha de ser salva"; entonces, Jesús regresará por su Iglesia. Pero esto no puede ser cierto.

Si algo tiene que suceder antes del regreso de Cristo, ya no sería una "venida inminente". El mandamiento de llevar el evangelio por todo el mundo es una imposición para todas las generaciones, pero que el evangelio llegue a todos los habitantes del mundo no es condición para el arrebatamiento, sino para la Segunda Venida de Cristo.

La tribulación

Para permitir el mal ilimitado

Tras el arrebatamiento, el Espíritu de Dios retirará de inmediato su influencia inhibidora en este mundo. Como resultado, se cederá la vida en la tierra al mal floreciente. Conforme progrese la tribulación, el mal empeorará hasta alcanzar su apogeo. Dios manifestará su ira hacia los malvados mediante las señales de su juicio venidero. Afortunadamente, quienes sean creyentes en el momento del arrebatamiento se librarán de esta terrible época.

Se le ha dado cuerda al minutero de Dios que no cesa de girar. Un viento veloz nos empuja por el sendero de la historia. Nuestra capacidad individual de capear el temporal dependerá de nuestra comprensión de la Palabra de Dios. Solo tenemos que prestar atención al mensaje que ha resonado a través de los siglos: "El que tiene oído, oiga lo que el Espíritu dice a las iglesias" (Ap. 3:22).

Escape the Coming Night

¿Qué es la tribulación?

La tribulación es un periodo de siete años que se describe en Apocalipsis 11–18. En los primeros tres años y medio, el empeoramiento de las condiciones alcanzarán su apogeo, Dios manifestará su ira contra los malvados y se producirán las señales que anuncian la venida de Cristo. Durante los tres años y medio posteriores, "el impío" (el anticristo) será empoderado para dirigir la maldad de la tribulación, como personificación de Satanás.

¿Qué señales avisarán del periodo de tribulación inminente?

Estos son los diez sucesos que podemos esperar en forma embrionaria en los días precedentes al arrebatamiento y al principio de la tribulación. Seguirán multiplicándose y progresando durante el transcurso de la primera mitad de los siete años de tribulación.

- Una época de engaños. "Porque vendrán muchos en mi nombre, diciendo: Yo soy el Cristo; y a muchos engañarán" (Mt. 24:5).
- Una época de disensiones. "Y oiréis de guerras y rumores de guerras… Porque se levantará nación contra nación, y reino contra reino" (Mt. 24:6-7).
- Una época de devastación. "…y hambres…" (Mt. 24:7).
- Una época de enfermedad: "Y habrá pestes…" (Mt. 24:7).
- Una época de catástrofes naturales. "…y terremotos en diferentes lugares" (Mt. 24:7).
- Una época de muerte. "Entonces os entregarán a tribulación, y os matarán, y seréis

aborrecidos de todas las gentes por causa de mi nombre"(Mt. 24:9).

- Una época de deslealtad. "Muchos tropezarán entonces, y se entregarán unos a otros, y unos a otros se aborrecerán" (Mt. 24:10).
- Una época de mentiras. "Y muchos falsos profetas se levantarán, y engañarán a muchos" (Mt. 24:11). También cabe destacar que una parte de esos engaños será el aumento en el consumo de drogas. Una de las características de la falsa religión de los últimos tiempos será lo que el libro de Apocalipsis llama "hechicerías" (9:21). La palabra que usa Juan es *farmakeía*, de la que se deriva nuestro término "farmacia". Es una referencia antigua al consumo de fármacos. El uso de psicofármacos, como los narcóticos y los alucinógenos, se asociará a las religiones falsas, sin duda con la aprobación del gobierno.
- Una época de apostasía. "Y por haberse multiplicado la maldad, el amor de muchos se enfriará" (Mt. 24:12). La gente se alejará de Dios y unos de otros.
- Una época de declaración. "Y será predicado este evangelio del reino en todo el mundo, para testimonio a todas las naciones" (Mt. 24:14).

Para 2 de venida

¿Qué sucederá en el mundo durante la tribulación?

Creo que la tribulación es una consecuencia natural del arrebatamiento. Quizá pienses que el mundo moderno está degenerándose hacia la avaricia y la inmoralidad más descaradas, y ciertamente es así. Cuando todos los cristianos sean retirados del mundo, el ministerio limitador del Espíritu Santo desaparecerá del todo. El resultado será espantoso. Jesús mismo describió lo que sucedería después: "Porque habrá entonces gran tribulación, cual no la ha habido desde el principio del mundo hasta ahora, ni la habrá. Y si aquellos días no fuesen acortados, nadie sería salvo; mas por causa de los escogidos, aquellos días serán acortados" (Mt. 24:21-22).

¿Qué sucederá en el cielo durante la tribulación?

Los cristianos están en el cielo. Dios está sentado en el trono, rodeado por un arco iris de esmeraldas. Los veinticuatro ancianos representan a los santos de la era de la Iglesia, sentados alrededor del trono. Ante este se extiende un mar de cristal. En medio del trono están los cuatro seres vivientes, y alabando en torno a Él vemos a los ángeles y a la Iglesia (Ap. 4:3-4, 6, 8). Esta es la alabanza al Cristo glorificado, el Creador del mundo. Dios está a punto de enjuiciar al mundo físico, y antes de hacerlo, el Creador recibe la adoración de la Iglesia en los cielos. Los truenos, los relámpagos y las voces manifiestan el juicio que está a punto de desatarse sobre la tierra.

¿Se librarán los cristianos de la tribulación?

Los cristianos escaparán a los siete años de pesadilla que será la tribulación.

Creo que la Biblia enseña claramente que uno de los grandes eventos venideros en el cumplimiento de la profecía tiene que ver con la Iglesia. Se trata del regreso personal, físico, del Señor en el aire para llevarse del mundo a la Iglesia que le espera, y para recompensar a cada uno conforme a sus obras. Esto sucederá antes del periodo de la tribulación, momento en el que se derramarán los juicios de Dios sobre el mundo incrédulo.

Creo que son más los pasajes que respaldan el regreso inminente de Cristo por su Iglesia antes de la tribulación que los que hablan de un momento durante la misma o posterior: 1 Tesalonicenses 4:13-18; 2 Tesalonicenses 2:8-12; 1 Tesalonicenses 1:10, 5:9.

"Los entendidos resplandecerán como el resplandor del firmamento; y los que enseñan la justicia a la multitud, como las estrellas a perpetua eternidad" (Dn. 12:3). En medio de todos los momentos difíciles, el horror de la tribulación, Dios tiene algunas cosas especiales reservadas para aquellos que le sirven. ¡Dice que serán como estrellas en su galaxia!

The Handwriting on the Wall

¿Qué catástrofes naturales ocurrirán en la tierra durante la tribulación?

- **El sol se oscurecerá, la luna se volverá roja y proliferarán los terremotos de gran magnitud.**

  Apocalipsis 6:12 dice: "Y he aquí hubo un gran terremoto". También dice: "Y el sol se puso negro como tela de cilicio, y la luna se volvió toda como sangre". Cuando Jesús murió en la cruz, todo el mundo quedó en tinieblas al mediodía. Cuando Dios juzgó a Egipto, cayeron sobre el país tinieblas nocturnas. Cuando el Señor descendió sobre el monte Sinaí, la montaña se vio envuelta por nubarrones oscuros. También los profetas presagiaron que la oscuridad sería una característica del principio del periodo de la tribulación.

- **Las estrellas caerán del cielo.**

  "Y las estrellas del cielo cayeron sobre la tierra" (Ap. 6:13). En este caso, la palabra "estrella" es el término griego *astér*, que hace referencia a los cuerpos luminosos del firmamento aparte del sol y la luna. Está claro que esas estrellas no son los objetos siderales lejanos que conocemos por este nombre, sino más bien un conjunto de asteroides.

- **Se trasladarán los montes y las islas.**
"Y todo monte y toda isla se removió de su lugar" (Ap. 6:14). Cuando los asteroides alcancen el mundo, existe la posibilidad de que la corteza terrestre quede tan perjudicada por su impacto que grandes segmentos de ella se deslicen bajo del manto terráqueo. Según el Dr. Henry Morris, quienes vivan en las regiones situadas en la zona de desplazamiento sentirán que los cielos se mueven en la dirección contraria, como si alguien los enrollara.

- **El océano se convertirá en sangre.**
Tal como explica Apocalipsis 8:8-9, un gran monte ardiente será arrojado al mar. Un tercio del mar se convertirá en sangre, y morirá una tercera parte de todas las criaturas marinas. También quedará destruida una tercera parte de todos los barcos. Las consecuencias trascendentales de estos juicios escapan a nuestro entendimiento. Alguien ha discurrido que los océanos ocupan en torno a tres cuartas partes de toda la superficie del

mundo, de modo que el alcance de este juicio será gigantesco. La contaminación del agua y la muerte de tantas criaturas marinas afectarán al equilibrio de la vida en el océano. Esto sucederá en la tercera parte de todas las masas de agua salada del mundo.

- **El agua se envenenará.**
  Después se verán afectados los suministros de agua dulce. Se volverán amargos y morirán muchas personas (Ap. 8:10-11). El instrumento de este juicio será una gran estrella llamada "ajenjo". Esta estrella o meteoro literal, se precipitará desde el espacio y alcanzará la tierra. Barrerá la superficie y convertirá un tercio del agua en un líquido venenoso y letal. Afectará a ríos, manantiales y pozos.

Será la época de mayor sufrimiento y persecución que el mundo haya conocido jamás.

¿Se salvará alguien durante la tribulación?

Sí; durante la tribulación habrá una gran cosecha de almas para Cristo en la que veremos cumplida la profecía de Mateo 24:14: "Y será predicado este evangelio del reino en todo el mundo, para testimonio a todas las naciones, y entonces vendrá el fin", ¡y después la Segunda Venida de Cristo!

Personas de toda nación, tribu e idioma formarán parte de la gran multitud de los redimidos. Será la época de mayor sufrimiento y persecución que el mundo haya conocido nunca, pero también el momento en que se producirá la mayor oleada de conversiones sinceras. Esta multitud de redimidos se compondrá de quienes no eran salvos aún en el momento del arrebatamiento.

Hoy, como mínimo 2.000 millones de personas no han oído nunca el evangelio o no han comprendido lo suficiente como para aceptarlo o rechazarlo. Quienes se salven durante la tribulación procederán de este gran número, y se convertirán basándose exactamente en lo mismo que quienes fueron salvos antes de la tribulación: mediante la fe en la vida, muerte y resurrección justificadora del Hijo de Dios.

La condición de que el evangelio llegue a todos los puntos del mundo no es propia del arrebatamiento, sino de la Segunda Venida de Cristo.

Unsolved Mysteries

¿Cómo se salvarán las personas durante la tribulación?

Si no queda ningún creyente en la tierra al principio de los siete años de la tribulación, esta es una buena pregunta. Como veremos en las siguientes páginas, habrá dos testigos y 144.000 israelitas sellados (Ap. 11:3, 7:4). Además, el Dr. Henry Morris sugiere la existencia de "un testigo silencioso", porque "los millones y millones de ejemplares de la Biblia y porciones de ella... no desaparecerán; sin duda, en esos tiempos el mundo se sentirá impulsado a leer la Biblia... [y] se volverá a su Creador y Salvador". Estos creyentes comprados por sangre empezarán a advertir a otros sobre el juicio venidero más terrible aún. Predicarán el arrepentimiento y el juicio, y los matarán por su mensaje.

¿Qué sucederá con los que se conviertan durante la tribulación cuando mueran?

El Señor envía a un ángel para bendecirlos especialmente: "Bienaventurados de aquí en adelante los muertos que mueren en el Señor" (Ap. 14:13). Así como el Nuevo Testamento empieza con las bienaventuranzas de Jesús para los vivos, también acaba con la bienaventuranza del Señor para los muertos. Es la segunda de las siete bienaventuranzas del libro de Apocalipsis. Aunque estas palabras están escritas concretamente para quienes mueran durante la tribulación, también van dirigidas a los santos de cada generación, a los muertos en Cristo de todos los tiempos. Los creyentes no mueren en el sentido de la muerte como final de todo; simplemente aguardan el regreso del Señor. Bienaventurados los que duermen en Jesús.

Si puedo salvarme durante la tribulación, ¿por qué debería cambiar mi vida ahora?

Así como la muerte concluye el tiempo de salvación para quienes rechazan a Cristo, con el arrebatamiento ocurre lo mismo. Quienes hayan escuchado el mensaje del evangelio y lo hayan rechazado caerán en las manos de un "poder engañoso" durante la tribulación. En 2 Tesalonicenses 2:10-12 leemos: "Y con todo engaño de iniquidad para los que se pierden, por cuanto no recibieron el amor de la verdad para ser salvos. Por esto Dios les envía un poder engañoso, para que crean la mentira, a fin de que sean condenados todos los que no creyeron a la verdad, sino que se complacieron en la injusticia". Apocalipsis 13 nos dice que serán las mentiras de la bestia y el anticristo, que falsifican la vida de Cristo e inducirán a engaño. Los que han rechazado el evangelio antes de la tribulación creerán estas mentiras, e irán al infierno sin la oportunidad de recibir a Cristo. El tiempo de la gracia habrá concluido para ellos. No hay segunda oportunidad.

Cuidado: más te vale no esperar para ser cristiano. He oído razonar a algunos de este modo, y me obligan a preguntarme si quien desea burlar el sistema tiene el deseo genuino de conocer a Dios. No permitas que nadie te diga que puedes vivir a tu manera y esperar hasta la tribulación para ser cristiano. Las cosas no son así. Te estarán engañando. La mentira es la razón de que hoy no haya muchas más conversiones. Es increíble, pero cuanto más intensa se vuelva la tribulación, más fuerte será el rechazo contra Dios. Lo lógico sería que se volverían a Él pidiendo misericordia; sin embargo, se limitarán a maldecir a quien envía sus juicios sobre el mundo. Los que ahora rechazan la verdad serán engañados y no creerán el evangelio cuando se lo prediquen.

La Biblia declara que hoy es el día de salvación (2 Co. 6:2). No intentes eludir el plan de Dios. No creas que puedes vencer al sistema. Pronto volverá el Señor, y si ya le has rechazado, habrás perdido tu oportunidad.

¿Es cierto que las personas no podrán suicidarse durante la tribulación?

A pesar de que los seres humanos procurarán morir e intentarán suicidarse, al parecer la muerte no será posible: "Y en aquellos días los hombres buscarán la muerte, pero no la hallarán; y ansiarán morir, pero la muerte huirá de ellos" (Ap. 9:6).

La experiencia de quienes hayan quedado aquí será espantosa, cuando los incontables demonios del abismo corran desenfrenados por toda la tierra. Las únicas personas a las que estos demonios podrán herir son las que no pertenezcan a Dios (v. 4). El veneno del aguijón incendiará literalmente el sistema nervioso (v. 10). Este mal se prolongará durante 150 días (v. 10), y la muerte no será una escapatoria (v. 6).

¿Prevalecerá la promiscuidad en la tierra durante la tribulación?

Cuando se retire la contención divina durante la tribulación, las pasiones humanas se exacerbarán, y se rechazará la moralidad en aras de la libertad y la "inmoralidad sexual" (Ap. 22:15). El resultado será una inmoralidad galopante inimaginable.

¿Quiénes son los dos testigos que predicarán el evangelio durante la tribulación?

En mi opinión, los dos testigos son Elías y Moisés. En Malaquías 4:5-6 se nos dice que Elías volverá antes del regreso de Jesús. En 1 Reyes 17, Elías detuvo la lluvia; y en Apocalipsis 11:6, los testigos "tienen poder para cerrar el cielo, a fin de que no llueva en los días de su profecía". Otra razón para creer que se trata de Elías es que no murió. Fue arrebatado en un torbellino de fuego.

En mi opinión, el segundo testigo es Moisés. En Éxodo 7:20 y 21, convirtió "el agua en sangre", y en Apocalipsis 11:6 los dos testigos "tienen poder sobre las aguas para convertirlas en sangre". Moisés murió, pero nadie sabe dónde está enterrado su cuerpo (Dt. 34:5-6). Dios preservó el cuerpo de Moisés para que fuera restaurado. Por último, también es significativo que Elías apareciera junto a Moisés en la transfiguración.

No podemos demostrar fehacientemente quiénes son los dos testigos, pero de no ser ellos tenemos claro que se parecerán mucho y que su ministerio será parecido.

En estos días de crisis, nuestra
confianza no debe reposar sobre
una nación que puede desaparecer
en breve, sino en Aquel que todo
lo hace conforme al designio de
su voluntad.

Herman A. Hoyt

¿Cuándo aparecerán
estos dos testigos?

En Apocalipsis 11:3 se nos presenta a los dos testigos. Se ha debatido mucho sobre cuándo aparecen en escena. Yo creo que empiezan su ministerio al principio de la tribulación, cuando el anticristo firme su pacto con el pueblo judío. Podemos suponer que tendrán muchos seguidores.

¿Qué poderes especiales poseerán los dos testigos?

Apocalipsis 11:5 dice: "Si alguno quiere dañarlos, sale fuego de la boca de ellos, y devora a sus enemigos; y si alguno quiere hacerles daño, debe morir él de la misma manera". Dios los protege. Estos testigos tendrán poder sobre la muerte, la sequía y la enfermedad.

Predicarán a Cristo como Señor de toda la tierra. Cerrarán los cielos, de modo que durante su ministerio no llueva ni una sola gota, y tendrán poder para provocar plagas cuantas veces deseen. Irán por todas partes testificando de la maldad de las personas. A todos dirán que Dios es responsable de todos los juicios derramados sobre ellos. Por si no fuera suficiente, anunciarán otros juicios futuros más aterradores. Predicarán contra la bestia de Apocalipsis 13, y los seres humanos intentarán matarlos porque su testimonio expone las maldades del mundo.

¿Qué les sucederá a los testigos?

Transcurridos los 42 meses durante los que nadie podrá matarlos, la bestia que subirá del abismo sin fondo acabará con ellos. Son tan aborrecidos que todos se regocijarán cuando mueran. Expondrán sus cuerpos en público. Quedarán tendidos en la calle tres días y medio (Ap. 11:7-10). En la sociedad judía de los tiempos bíblicos esto era una abominación. Sus adversarios estarán exultantes porque alguien haya eliminado por fin a esos dos archienemigos.

Ya se están descomponiendo, ¡y lo siguiente que vemos es que se levantan! El mundo entero lo verá, porque estará en todos los medios informativos. Mientras están siendo el centro de atención del planeta, no solo resucitan, sino que también son arrebatados (Ap. 11:12). Ascenderán al cielo "en una nube", la que representa la gloria de la *shekiná* de Dios. Es la misma nube que envuelve al ángel de Apocalipsis 10:1.

El anticristo

El superhombre de Satanás

Hace casi cuarenta años, cuando empecé a estudiar la profecía bíblica, me encontré con la predicción de que un día un solo hombre dominaría el mundo entero. Francamente, no podía imaginar cómo sucedería algo así. Sin embargo, como la Biblia lo presentaba como parte importante del panorama de los últimos tiempos, lo creí y lo prediqué aun sin poder entenderlo.

A medida que la civilización se
apresura hacia su destino final,
la aparición de un poderoso
gobernante mundial es inevitable.

LaHaye y Hindson, *Global Warning*

Si Satanás fue derrotado en la cruz, ¿por qué sigue teniendo tanto poder ahora y en el futuro?

La victoria definitiva se obtuvo en el Calvario, pero se implementará en el futuro. Se ha dictado sentencia y ahora hay que ejecutarla. La aplicación está en manos de la Iglesia. El instrumento que ejecuta la derrota de Satanás es la oración. "Porque las armas de nuestra milicia no son carnales, sino poderosas en Dios para la destrucción de fortalezas, derribando argumentos y toda altivez que se levanta contra el conocimiento de Dios, y llevando cautivo todo pensamiento a la obediencia a Cristo" (2 Co. 10:4-5). Una persona que ora en la tierra puede movilizar a los ángeles en el cielo.

Es necesario que los cristianos aprendan el poder de la oración contra Satanás y que su obra será derrotada. No estamos involucrados en la guerra si no estamos orando contra él. Un día, el juicio emitido en la cruz, y aplicado mediante la oración, concluirá. Satanás está condenado. Una vez el arrebatamiento haya puesto fin a nuestra guerra contra Satanás, sus planes malvados no tendrán obstáculo. Pero no nos equivoquemos; Satanás y sus secuaces —el anticristo y el falso profeta— tendrán que asistir a su cita con el Dios todopoderoso. Ya derrotado, Satanás está condenado.

¿Quién es el anticristo?

El anticristo es una persona que se opone a Cristo. El prefijo *anti* también puede significar "en lugar de", y ambos significados serán aplicables a este futuro líder mundial. Se opondrá abiertamente a Cristo y, al mismo tiempo, se hará pasar por Él.

El anticristo estará a la altura de su terrible nombre. Será el superhombre de Satanás que persiga, torture y mate al pueblo de Dios, y quien dirija los ejércitos del mundo en la batalla culminante del Armagedón. Será el dictador más poderoso que haya visto este mundo, haciendo que César, Hitler, Mao y Saddam parezcan débiles e inofensivos en comparación.

A pesar de que al anticristo solo se le identifica cuatro veces con este nombre en toda la Biblia, aparece en muchas más ocasiones bajo diversos sobrenombres. También se le llama:

- "el príncipe que ha de venir", Daniel 9:26
- "un rey altivo de rostro", Daniel 8:23
- "entendido en enigmas", Daniel 8:23
- "un hombre despreciable", Daniel 11:21

- "un pastor inútil", Zacarías 11:16-17
- "el hijo de perdición", 2 Tesalonicenses 2:3
- "la apostasía", 2 Tesalonicenses 2:3
- "el hombre de pecado", 2 Tesalonicenses 2:3
- "la bestia", Apocalipsis 13:1

Cuando entre en escena, los habitantes del mundo correrán a él como las abejas a la miel, y se desvivirán por obedecerle.

¿Qué es la "trinidad impía"?

Satanás es la primera persona y el padre de la trinidad impía. El anticristo es la segunda persona y el hijo. Mientras que el Espíritu Santo es la tercera Persona de la Trinidad y su función principal es dirigir la alabanza hacia la persona de Cristo, la misión central del falso profeta consiste en orientarla hacia el anticristo (Ap. 13:11-12).

¿Cuáles son algunos de los rasgos del anticristo?

El profeta Daniel describe al anticristo usando estos términos tan gráficos: "Después de esto miraba yo en las visiones de la noche, y he aquí la cuarta bestia… Y he aquí este cuerno tenía ojos como de hombre, y una boca que hablaba grandes cosas… y hablará palabras contra el Altísimo" (Dn. 7:7-8, 25).

Daniel sigue diciendo que el líder venidero será famoso por este tipo de elocuencia, que atraerá la atención y la admiración del mundo.

Daniel sigue diciéndonos que este orador de pico de oro es de verbo altisonante, pero que también pronunciará palabras pomposas contra el Altísimo. El apóstol Juan lo describe en términos parecidos en el libro de Apocalipsis: "También se le dio boca que hablaba grandes cosas y blasfemias" (Ap. 13:5).

Daniel prosigue con su descripción del anticristo como un hombre que "parecía más grande que sus compañeros" (Dn. 7:20). Respecto a su aspecto externo, será extremadamente atractivo. La combinación de su personalidad magnética, su capacidad oratoria y su apostura lo harán prácticamente irresistible para las masas. Cuando entre en escena, los habitantes del mundo acudirán a él como las abejas a la miel, y se desvivirán por obedecerle. El apóstol Juan amplía la descripción del profeta Daniel sobre los actos blasfemos del anticristo, indicándonos que exigirá que todos los seres humanos le adoren. "Y se le permitió infundir aliento a la imagen de la bestia, para que la imagen hablase e hiciese matar a todo el que no la adorase" (Ap. 13:15).

Por último, Apocalipsis 13:1-8 señala que se representa al anticristo como una bestia, un título adecuado para él. Durante la segunda mitad de los siete años de tribulación, el anticristo personificará a Satanás mismo. En 2 Tesalonicenses 2:9 leemos: "cuyo advenimiento [el del anticristo] es por obra de Satanás, con gran poder y señales y prodigios mentirosos". Paso a paso, el anticristo se irá promocionando de líder europeo a líder mundial, a dictador global tiránico y finalmente a un dios.

¿Cómo gana el anticristo el poder político?

Su ascenso al poder pasará desapercibido. Al principio no se notará y apenas llamará la atención incluso de los más cercanos al centro de la acción. Saldrá de entre la población global. Juan narra: "Me paré sobre la arena del mar, y vi subir del mar una bestia que tenía siete cabezas y diez cuernos" (Ap. 13:1). En la imaginería bíblica, el mar representa a la masa general de los seres humanos o, más concretamente, a las naciones gentiles.

Cualquiera que sea el poder del anticristo, solo lo tiene porque el Dios todopoderoso lo permite. Por terrible que sea la tribulación, nunca escapa al control divino. Satanás está atado, y Dios es quien sujeta el extremo de la cuerda. El diablo solo podrá hacer lo que Dios le permita durante el periodo de la tribulación.

¿Quién adorará al anticristo?

Según Apocalipsis 13:8, "le adoraron todos los moradores de la tierra". Daniel 8:25 nos dice que el anticristo es el líder de una secta. "Y hablará palabras contra el Altísimo… y pensará cambiar los tiempos y la ley". Hablará contra el Dios verdadero de los cielos. Este lenguaje sugiere que intentará alzarse al nivel de Dios y hacer declaraciones desde esa posición.

En 2 Tesalonicenses 2:4 se afirma que el anticristo "se opone y se levanta contra todo lo que se llama Dios o es objeto de culto; tanto que se sienta en el templo de Dios como Dios, haciéndose pasar por Dios". Aceptará la adoración de los pueblos de este mundo.

La combinación de su personalidad magnética, su capacidad de oratoria y su apostura lo harán prácticamente irresistible para las masas.

¿Qué es la marca de la bestia?

La marca de la bestia es el número 666. No podemos identificar el sentido exacto de la marca, pero sí podemos decir algunas cosas generales sobre ella. El número seis es el número del hombre (Ap. 13:18). Este fue creado el sexto día. Debe trabajar seis días de cada siete. Un esclavo hebreo no podía serlo más de seis años. Sus campos no se podían sembrar más de seis años consecutivos. El número 666 es el hombre por triplicado. El número de la bestia representa, quizá, la credulidad y la competencia humanas por antonomasia.

La palabra empleada para la marca de la bestia es el término griego *járagma*. En la antigüedad se la solía asociar al emperador romano. A menudo contenía el nombre del emperador, su efigie y el año de su reinado. Era necesaria para comprar y vender, y para que un documento tuviera validez tenía que llevar este sello. El anticristo hará lo mismo. "Y hacía que a todos, pequeños y grandes, ricos y pobres, libres y esclavos, se les pusiese una marca en la mano derecha, o en la frente; y que ninguno pudiese

comprar ni vender, sino el que tuviese la marca
o el nombre de la bestia, o el número de su nombre" (Ap. 13:16-17).

¿Qué les pasará a quienes se nieguen a llevar la marca de la bestia?

Quienes se nieguen a llevar la marca de la bestia serán perseguidos y acusados de traición. Según el sistema organizado por la bestia, a todo aquel que no lleve la marca se le negará el poder comprar y vender (Ap. 13:16-17). Al parecer, esto los llevará a la muerte, por no poder adquirir ni los alimentos ni los demás artículos básicos para mantenerse vivos.

¿Qué les pasará a quienes acepten la marca de la bestia?

Apocalipsis 14:9-11 advierte que todos los que reciban la marca de la bestia sufrirán el juicio eterno a manos de Dios. En este pasaje, el ángel anuncia que quienes acepten la marca de la bestia serán condenados al fuego eterno, la perdición y la ira. Su tormento durará para siempre, porque habrán optado por adorar y servir a la bestia y no al único Dios verdadero.

¿Cómo será derrotada la bestia?

Satanás permitirá que maten a la bestia, o al menos que lo parezca. Pero la herida que recibirá en la cabeza sanará, y el mundo quedará tan asombrado que todos la seguirán (Ap. 13:3-4, 12). Una vez más, se trata de una imitación: emulará la resurrección. Es la última estrategia de Satanás. Usará todo lo que esté en su mano para llevar consigo al infierno a tantos como pueda.

Justo cuando parezca que ya no hay esperanza, el Señor regresará en su Segunda Venida para destronar a la bestia durante la batalla de Armagedón. Entonces juzgará a las naciones y a Israel, y Cristo instaurará el milenio.

¿Quién es el falso profeta?

El falso profeta es un hombre que ostenta la autoridad religiosa y militar en nombre del anticristo. Realiza milagros para inducir al mundo entero a postrarse y adorar al anticristo y su imagen. En Mateo 7:15, Jesús dice: " Guardaos de los falsos profetas, que vienen a vosotros con vestidos de ovejas, pero por dentro son lobos rapaces". El falso profeta que hallamos en Apocalipsis es la máxima expresión de todos los profetas que le antecedieron. Hemos de estar avisados contra los falsos profetas que se presentan con la voz, la personalidad y la apacibilidad de un cordero, pero cuyas palabras son las de Satanás mismo.

¿Qué aspecto tendrá
el falso profeta?

Según Apocalipsis 13:11, tiene voz de dragón, pero aspecto de cordero. ¿Por qué querrá Satanás que el falso profeta parezca un cordero? Porque seguirá haciendo todo lo posible por engañar al mundo, imitando el ministerio del Jesús, el Cordero de Dios que fue sacrificado desde antes de la fundación del mundo (Ap. 13:8).

¿Qué poderes tendrá el falso profeta?

El falso profeta será el líder religioso del anticristo, y dispondrá del poder de imitar los milagros de Dios, según nos dice Apocalipsis 13:13. Concretamente, en este pasaje se menciona que hará descender fuego del cielo. Es posible que con ello intente imitar a Elías, quien hizo caer fuego sobre el monte Carmelo; el propósito del falso profeta sería hacer creer a los seres humanos que él *es* Elías, que precede el gran y terrible día del Señor. Engaña a las personas para que hagan una imagen como punto de adoración central para la bestia (v. 14). Con sus poderes esotéricos conseguirá que la imagen hable (v. 15).

¿Qué importancia tienen los 144.000 israelitas mencionados en Apocalipsis?

Durante la tribulación, Dios enviará al mundo a sus dos testigos, para que profeticen y realicen poderosos milagros. Durante este periodo también habrá 144.000 israelitas "sellados" para servir a Dios (Ap. 7:4). Los 144.000 israelitas —12.000 de cada una de las doce tribus de Israel—, se convertirán en evangelistas y verán una gran cosecha de almas durante los terribles días de la tribulación. Serán protegidos para que nadie los pueda matar, y muchos oirán su mensaje y serán salvos. Resulta difícil imaginar el impacto que podrían tener sobre el mundo 144.000 judíos llenos del Espíritu. El poder que les concederá el Espíritu Santo les permitirá mostrar gran coraje y valentía cuando testifiquen sobre el Verbo y sean testigos de la salvación en Jesucristo. Doce judíos llenos del Espíritu pusieron su mundo patas arriba. Imagínate la magnitud del avivamiento que tendrá lugar durante la tribulación.

¿Qué quiere decir la Biblia con 144.000 vírgenes?

En Apocalipsis 14:4, la palabra *virgen* no es una descripción física. Como vemos en 2 Corintios 11:2, la Iglesia debe presentarse ante Jesucristo como una virgen casta. No es una referencia a la virginidad física, sino a la espiritual. La Iglesia debe ser santa. Asimismo, en Apocalipsis 14:4 dicho término se refiere a que los 144.000 estarán apartados de la corrupción del mundo. Serán vírgenes para Dios, y se entregarán al Señor con una devoción pura. Será un grupo verdaderamente separado y santificado, al que no le afectará en absoluto la contaminación del mundo. Es el tipo de testigos que Dios desea, independientemente de la generación en que vivamos. Cuanto más santos seamos, mejor nos podrá usar Dios. La mejor preparación para el ministerio que podamos tener es, quizás, disponer nuestros corazones en justicia y santidad ante Dios.

¿Qué significa que los 144.000 estén sellados con la marca de Dios?

Apocalipsis 7:3-4 explica que el Espíritu de Dios sellará a los 144.000 evangelistas en la frentes, y protegerá su ministerio. Llevarán el nombre del Padre bien visible en sus frentes.

Durante la época de la tribulación, no llevar la marca de la bestia en la frente equivaldrá a morir. Pero habrá 144.000 personas que caminarán por el mundo *sin* llevar el 666, y nadie los matará. No serán neutrales, sino agresivos. No se limitarán a pasearse sin la marca; irán de un lado a otro con su propia marca. No quieren que haya dudas respecto a quién pertenecen. Llevarán la marca de Dios, y esta será evidente para todo el mundo.

Llevar la marca de Dios equivaldrá a la muerte, pero estos predicadores confesarán a Cristo, no se avergonzarán de Él, y serán protegidos. Han atravesado toda la tribulación predicando el evangelio. Siguen vivos. Dios los selló. Cuando eres de Dios, y estás en su voluntad, eres inmortal hasta que Dios haya acabado contigo. Él tiene el control. Esto no significa que tengas que vivir temerariamente, sino que Dios se ha comprometido a protegerte a lo largo de tu ministerio.

¿Habrá consecuencias en la tierra para quienes adoren a la bestia?

Apocalipsis 16:2 nos habla de las terribles llagas que padecerán quienes hayan aceptado la marca de la bestia y adorado su imagen. Las úlceras de estos rebeldes simbolizan que adoran a Satanás.

Los que acepten la marca de la bestia parecen ser personas religiosas; se identifican con el gran régimen religioso de su tiempo. Pero en ese espantoso momento de juicio, cuando las copas se derramen sobre el mundo, las úlceras serán otra forma de identificarlos y demostrar su rebeldía contra Dios. Es como si Él permitiese que el veneno de la rebelión que esas personas llevaban dentro saliera a la superficie, manifestándose en llagas por todo su cuerpo.

En ese punto, Dios usará otras seis catástrofes en este mundo para hacer realidad sus juicios. El resto del mar se convertirá en sangre, igual que los ríos y los arroyos; el sol quemará a las personas con su fuego; la tierra se sumirá en las tinieblas; el río Éufrates se secará por completo;

los truenos, los relámpagos y piedras de granizo de casi 45 kg caerán del cielos (Ap. 16:3-21).

El anticristo vivirá de una manera agresiva digna de su terrible nombre. Será el superhombre de Satanás que persiga, torture y mate a los miembros del pueblo de Dios, y dirigirá a los ejércitos del mundo en la batalla culminante del Armagedón.

¿Experimentarán los que adoren al anticristo algo parecido a las plagas de Egipto del Antiguo Testamento?

La sexta plaga que Dios envió contra Egipto fue muy similar a la que tendrá lugar en Apocalipsis 16:2. La Biblia la describe como "sarpullido con úlceras en los hombres y en las bestias, por todo el país de Egipto" (Éx. 9:9).

Estas llagas serán el cumplimiento de la profecía del Antiguo Testamento. En Deuteronomio 28:27 y 35, Moisés prometió que Dios juzgaría a Israel con llagas y otras enfermedades de la piel si ellos no cumplían su pacto. El castigo por la desobediencia consistiría en que las plagas derramadas por Dios sobre Egipto (que incluían las úlceras y los sarpullidos [Éx. 9:9]) también visitarían a Israel.

El juicio mencionado en Apocalipsis 16:10-11 es una plaga de tinieblas. Una vez más, recuerda a las plagas de Egipto. De la misma manera que las úlceras de la primera plaga simbolizan la infección interna de quienes las padecen, esta oscuridad exterior es un reflejo de las tinieblas del corazón y del alma de quienes rechazan a Dios.

El anticristo será el dictador más poderoso que haya visto este mundo, haciendo que César, Hitler, Mao y Saddam parezcan débiles e inofensivos en comparación.

¿Qué es el Armagedón?

Nuestra nación no desconoce la guerra. En menos de 250 años de historia estadounidense, hemos participado en casi 300 guerras, conflictos y operaciones militares.

La Biblia nos indica que queda aún otra guerra importante que se librará en este mundo, en algún momento *después* de que la coalición de naciones dirigida por Rusia declare la guerra a Israel. Esta guerra, llamada *Armagedón,* hace que todas las libradas por los Estados Unidos hasta hoy parezcan simples escaramuzas. Esta guerra hará caer el telón final sobre la civilización moderna. De hecho, los preparativos para esta guerra están ya en marcha por todo el mundo. Lo único que frena su veloz aproximación es la desaparición de todos los verdaderos creyentes en Jesucristo, el evento conocido como el arrebatamiento o rapto de la Iglesia, que todavía no ha ocurrido. Cuando la Iglesia de Jesucristo sea trasladada a la seguridad del cielo y empiece la tribulación, la incesante persecución a la que Satanás someterá a Israel impulsará a todos los países hacia la batalla del Armagedón.

¿Qué significa *Armagedón*?

Dada la enorme atención que recibe este nombre, podría sorprenderte que solo se mencione una vez en la Biblia, en el sexto capítulo de Apocalipsis. El término hebreo *harmageddon* significa "el monte de Meguido". *Har* significa "monte" y *meguiddo* significa "matanza"; de modo que el significado de *Armagedón* es "monte de la matanza".

¿Dónde tendrá lugar la batalla de Armagedón?

Esta batalla tendrá lugar en el monte de Meguido, al norte de Israel. Se compone de una inmensa llanura que llega desde el mar Mediterráneo hasta el norte del territorio israelita. Meguido está situado a unos 30 km al sureste de Haifa, a casi 90 km al norte de Jerusalén y a poco más de 16 km de Nazaret, ciudad donde creció Jesús.

Aunque la palabra *Armagedón* solo se menciona una vez en la Biblia, el monte de Meguido disfruta de una rica historia bíblica. Fue allí donde Débora y Barac derrotaron a los cananeos (Jue. 4 y 5); donde Gedeón derrotó a los madianitas (Jue. 7); donde murió Saúl durante una batalla con los filisteos (1 S. 31); donde Jehú mató a Ocozías (2 R. 9); y donde los invasores egipcios acabaron con Josías (2 R. 23).

Estas no son, ni mucho menos, las únicas batallas libradas en ese terreno sangriento. Si durante los siglos pasados hubiéramos estado en la cumbre del monte Meguido, contemplando la llanura de Armagedón, habríamos asistido a una larga sucesión de batallas entre los grandes ejércitos que atravesaron el campo uno tras otro: los cruzados, los egipcios, los persas, los drusos, los griegos, los turcos y los árabes. Durante la primera guerra mundial, el general británico Edmund Allenby condujo a su ejército contra los turcos, en una cruenta batalla en la llanura de Armagedón. Según el historiador Alan Johnson, "en esa zona o en sus inmediaciones se han librado más de 200 batallas".[26] Como ves, Meguido se ha ganado con creces su terrible nombre: ciertamente es el "monte de la matanza".

¿Por qué será el monte de Meguido el enclave de la batalla final del mundo?

Una de las figuras más relevantes del mundo militar nos dará la respuesta. En 1799, Napoleón estaba en Meguido antes de la batalla que puso fin a su intento de conquistar Oriente y reconstruir el Imperio romano. Contemplando la vasta llanura de Armagedón, declaró: "Todos los ejércitos del mundo podrían maniobrar sus fuerzas en esta inmensa planicie... En el mundo no hay lugar más adecuado para una batalla que este... [Es] el campo de batalla más natural de toda la tierra".[27]

Aunque la razón de que la batalla final de la tierra se libre en Armagedón no es un misterio, es importante comprender que aun teniendo su centro allí no estará confinada en ese punto. Todos los profetas de la antigüedad concuerdan en que esta guerra se librará por todo el territorio de Israel.

Las palabras del profeta Zacarías presagian que Jerusalén será el centro del conflicto en la batalla del Armagedón: "He aquí yo pongo a

Jerusalén por copa que hará temblar a todos los pueblos de alrededor contra Judá, en el sitio contra Jerusalén. Y en aquel día yo pondré a Jerusalén por piedra pesada a todos los pueblos; todos los que se la cargaren serán despedazados, bien que todas las naciones de la tierra se juntarán contra ella" (Zac. 12:2-3). De modo que, aunque usamos el término *Armagedón* y localizamos la batalla en la llanura de Meguido, la Escritura nos enseña que los combates y el derramamiento de sangre ocuparán literalmente todo el territorio israelita.

¿Qué propósito tiene el Armagedón en el plan de Dios?

1. Concluir su juicio contra Israel: el periodo de la tribulación es un tiempo de indignación divina contra el pueblo de Israel, que rechazó a su Mesías y que, tras recibir una y otra vez la oportunidad de volverse a Dios, no logró reconocer el juicio correctivo y punitivo del Señor. No es casualidad que este periodo de tiempo futuro suela denominarse "tiempo de angustia para Jacob" (Jer. 30:7).

2. Finalizar su juicio contra las naciones que han perseguido a Israel: los países persecutores del pueblo judío se reunirán todos en la batalla de Armagedón, en el valle de Josafat, dándole a Dios la oportunidad perfecta para acabar con ellos de una forma definitiva y aplastante.

"Reuniré a todas las naciones, y las haré descender al valle de Josafat, y allí entraré en juicio con ellas a causa de mi pueblo, y de Israel mi heredad, a quien ellas esparcieron entre las naciones, y repartieron mi tierra" (Jl. 3:2).

3. Juzgar oficialmente a todas las naciones que le hayan rechazado: "De su boca sale una espada aguda, para herir con ella a las naciones, y él las regirá con vara de hierro; y él pisa el lagar del vino del furor y de la ira del Dios Todopoderoso" (Ap. 19:15).

Fijémonos en esta última frase, "Él pisa el lagar del vino del furor y de la ira del Dios todopoderoso". Desde la perspectiva de nuestros sentidos, limitados por el tiempo, la actividad de Dios suele parecer tan lenta y pausada que las personas que persiguen objetivos impíos tienden a desestimar el juicio divino, como si fuera un factor que no deben tomar en serio. Por tanto, las naciones no creen que llegará un momento en el que Dios derrame sobre ellas su juicio inevitable. Pero ten por seguro que Él está reteniendo su juicio hasta que llegue el momento. La Biblia es clara: uno de estos días Dios se hartará, y su juicio se verterá como fuego consumidor sobre las naciones malvadas de este planeta.

¿Qué diferencia hay entre la batalla de Gog y la del Armagedón?

Al principio del periodo de la tribulación, Gog (el príncipe de Rusia/Magog) reúne a las naciones en masa contra Israel, pero la intervención de Dios frustra sus planes destructivos. La batalla de Armagedón concluirá el periodo de la tribulación. Varios años separan la batalla de Gog y la de Armagedón, y sus participantes son distintos. Veamos algunas de las diferencias que te ayudarán a distinguir entre ambas:

- En la batalla de Gog participan Rusia y al menos otros cinco países (Ez. 38:2-6). En la de Armagedón, todos los países del mundo (Jl. 3:2; Zac. 14:2).
- En la batalla de Gog, los invasores atacarán desde el norte (Ez. 38:6, 15; 39:2). En la de Armagedón, los ejércitos vienen del norte, sur, este y oeste (Dn. 11:40-45; Zac. 14:2; Ap. 16:12-16).
- En la batalla de Gog, el propósito de los ejércitos es "arrebatar despojos y tomar botín" (Ez. 38:12). En la de Armagedón, el

objetivo es aniquilar a los judíos y luchar contra Cristo y su ejército (Zac. 12:2-3, 9; 14:2; Ap. 19:19).

- En la batalla de Gog, Rusia será el líder de las naciones (Ez. 38:13). En la de Armagedón, será el anticristo (Ap. 19:19).
- En la batalla de Gog, Dios derrota a los invasores del norte mediante las convulsiones de la tierra, la confusión de las tropas, las enfermedades contagiosas y las calamidades que caen de los cielos. En la batalla de Armagedón, los ejércitos son derrotados por la palabra de Cristo, "una espada aguda" (Ap. 19:15, 21).
- En la batalla de Gog, los enemigos de Israel morirán en los montes de Israel y en campo abierto (Ez. 39:4-5). En la batalla de Armagedón, los que caigan ante el Señor yacerán donde sean derribados, de un extremo de la tierra al otro (Jer. 25:33).
- En la batalla de Gog, los muertos serán sepultados (Ez. 39:12-15). En la de Armagedón, los muertos no serán enterrados, sino que sus cadáveres serán totalmente devorados por las aves (Jer. 25:33; Ap. 19:17-18, 21).
- Tras la batalla de Gog, las naciones participantes (excepto Israel) seguirán combatiendo entre ellas durante el resto de la tribulación (Ap. 13:4-7). Tras la batalla de

Armagedón, las espadas y las lanzas se convertirán en rejas de arado y en hoces (Is. 2:4). Y las naciones no volverán a prepararse para la guerra.[28]

¿Qué le sucederá al anticristo cuando dirija la batalla de Armagedón?

Durante la batalla de Armagedón, el mundo se mostrará cada vez más descontento con el liderazgo de este dictador universal que ha incumplido todas sus promesas. Grandes sectores del mundo empezarán a reunir sus propios ejércitos para rebelarse contra él.

El rey del sur y sus ejércitos serán los primeros en arremeter contra el anticristo, seguidos por las fuerzas del norte. "Pero al cabo del tiempo el rey del sur contenderá con él; y el rey del norte se levantará contra él como una tempestad, con carros y gente de a caballo, y muchas naves; y entrará por las tierras, e inundará, y pasará" (Dn. 11:40).

El anticristo sofocará algunos de esos primeros intentos de rebelión contra él. Pero antes de que pueda celebrarlo y continuar con su proyecto de destruir Israel y Jerusalén, sucederá algo: "Pero noticias del oriente y del norte lo atemorizarán, y saldrá con gran ira para destruir y matar a muchos" (Dn. 11:44). La Biblia no nos oculta la fuente de las noticias que tanto perturban y enfurecen al anticristo: "El sexto ángel derramó su copa sobre el gran río Éufrates; y el agua de éste se secó, para que estuviese preparado el camino a los reyes del oriente" (Ap. 16:12).

El Éufrates es uno de los mayores ríos del mundo. Fluye desde los montes de Turquía occidental, pasa por Siria y sigue adelante atravesando el corazón de Irak, no lejos de Bagdad. Al final se une con el Tigris para convertirse en el *Shatt el Arab*, y acaba desembocando en el golfo Pérsico. Todo el río Éufrates pasa por territorios musulmanes. En Génesis 15 y Deuteronomio 11, el Señor especificó que el Éufrates sería la frontera oriental de la Tierra Prometida. Sirve tanto de frontera como de barrera entre Israel y sus enemigos.

¿Qué importancia tiene que se seque el río Éufrates, y por qué tendrá este suceso tan perturbador efecto sobre el anticristo?

Si el río Éufrates se queda sin agua, no habrá barrera entre el anticristo y el vasto ejército que avanza contra él. Cuando estas fuerzas de inmensidad sin precedentes crucen el lecho del Éufrates para luchar contra el anticristo, se pondrá en marcha la guerra más tremenda de la historia que involucrará a centenares de millones de soldados. El enorme campo de batalla de esa guerra será el territorio de Israel.

Por si esta noticia no fuera preocupante de por sí, Juan nos dice que todos estos eventos los inspirarán y dirigirán los demonios del infierno: "pues son espíritus de demonios, que hacen señales, y van a los reyes de la tierra en todo el mundo, para reunirlos a la batalla de aquel gran día del Dios Todopoderoso" (Ap. 16:14).

No cabe duda de que el demonismo, en todas sus formas y expresiones, se irá manifestando cada vez más conforme se acerque el fin, hasta que todo concluya en el Armagedón... Pero aparte de esos ejércitos de seres humanos, también estará presente en el Armagedón una hueste innumerable de seres sobrenaturales... De modo que el Armagedón será, en verdad, una batalla entre el cielo, la tierra y el infierno.[29]

De manera que, justo en el momento en que el anticristo esté a punto de atacar y destruir Israel y Jerusalén, se producirá un imprevisto: el ataque de un ejército inconmensurable que entra en el campo de batalla. El escenario se dispone, pues, para el último e impactante movimiento en la batalla del Armagedón.

La Segunda Venida

Para juzgar al mundo

Tras leer sobre el gobierno del anticristo, nos tran-
quilizará saber que Cristo volverá para gobernar
y reinar sobre la tierra y juzgar al mundo.

El regreso de Cristo se verá amplificado por un espectáculo devastador que hará que las películas de catástrofes de Hollywood parezcan un cuento para niños. El mundo verá y reconocerá a su Señor y Rey legítimo. Aunque la primera vez vino con humildad y sencillez, esta vez su gloria y majestad se manifestarán de forma espectacular para que todos las vean.

¿Será juzgada la tierra al final de la tribulación?

Al término de la tribulación, Jesucristo volverá para juzgar al mundo. Reconciliará a su pueblo elegido consigo, y empezará el reinado del Rey de reyes. La justicia eterna se introducirá durante el milenio. El templo será ungido, y se restablecerá la belleza de la adoración judía en el templo milenial.

- **¿Quién es el juez?**

  Mateo 25:31-33 nos dice claramente que el Hijo del Hombre es el juez que preside el juicio de las naciones. Juan 5:22 nos dice que el Padre no juzgará a nadie; ha entregado todo juicio en manos de su Hijo Jesucristo. Y no solo eso, sino que la Biblia afirma que Jesús vendrá con sus santos ángeles para derramar su juicio.

- **¿Cuándo se producirá el juicio?**

  Los estudiosos premilenaristas de las Escrituras indican claramente el momento del juicio. Tiene lugar cuando el Hijo descienda en toda su gloria, de modo que será durante la Segunda Venida. No se trata del arrebatamiento, momento en que los cristianos se reunirán con Cristo en el cielo, sino de la Segunda Venida, cuando Él descienda a la tierra y dé por terminada la gran tribulación.

- **¿Dónde tendrá lugar el juicio?**
  Este juicio se celebrará en la tierra, no en el cielo. Jesús habrá regresado para sentarse en su trono de gloria, y "lo dilatado de su imperio y la paz no tendrán límite, sobre el trono de David y sobre su reino, disponiéndolo y confirmándolo en juicio y en justicia desde ahora y para siempre. El celo de Jehová de los ejércitos hará esto" (Is. 9:7). Jesucristo reinará sobre la tierra restaurada durante mil años (el milenio) en su reino, y después por toda la eternidad, sobre un cielo y una tierra nuevos.

- **¿Quién será juzgado?**
  A este juicio serán convocados todos los incrédulos del mundo (Ap. 19:15, 20, 21). En ese momento, Cristo volverá a la tierra con sus santos que fueron arrebatados para juzgar a los que no sean salvos y para reinar sobre el mundo. Aunque ya habrá llevado a los creyentes al cielo, en el arrebatamiento, siete años antes, otros habrán creído en Él durante la época tan

espantosa conocida como la tribulación. Todos los que hayan creído en Cristo en ese tiempo también reinarán con Él durante mil años.

¿Qué significa exactamente que "Cristo reclamará el mundo"?

El libro de Apocalipsis se divide en tres secciones. Al principio se nos presenta el mundo arruinado por el ser humano. Cuando pasamos a la segunda mitad del periodo de la tribulación, vemos un mundo gobernado por Satanás. Pero cuando llegamos al momento del regreso de Cristo, al final del periodo de la tribulación, vemos el mundo que Cristo ha reclamado.

Sin embargo, reclamar el mundo no solo consiste en que Cristo llegue y plante su bandera. Antes de poder reclamar la tierra tiene que limpiarla. Tú no te mudarías a una casa infestada de ratas sin antes exterminarlas y hacer una buena limpieza. Es lo que Cristo debe hacer antes de reclamar el mundo. Tiene que arrancar de raíz toda oposición, vengar el daño padecido por su perfecta creación y borrar a los rebeldes de la faz del planeta.

¿Cómo se limpiará el mundo?

No hay palabras adecuadas para describir el horror de esta terrible escena. Las aves del cielo terrenal se juntarán en la planicie de Armagedón para darse un festín con los kilómetros y kilómetros de carne humana amontonada y sembrada por el campo de batalla. La palabra traducida *aves* solo aparece tres veces en la Biblia: dos en Apocalipsis 19 (v. 17 y 21) y una más en Apocalipsis 18:2. Se trata del vocablo griego *órneon*, que alude a un ave carroñera y que se traduce mejor en español como *buitre*.

Según la visión de Juan, el ángel está convocando a los buitres de la tierra, "al festín del gran Dios" en Armagedón, donde se alimentarán de los cadáveres de los enemigos del Señor. El pasaje indica que entre estos despojos hay grandes y pequeños, reyes y generales, esclavos y libres. Como lo expresa Harry Ironside: "Es una imagen aterradora, el punto culminante de la audaz resistencia del hombre ante Dios".[30]

¿Existen en la Biblia más referencias a la primera venida de Cristo o a la segunda?

Aunque los cristianos estamos más familiarizados con la primera venida de Cristo, la Biblia dedica más espacio a la segunda. Las referencias a esta superan a las de la primera en una proporción de ocho a una. Los estudiosos han encontrado 1.845 referencias bíblicas a la Segunda Venida, incluidas 318 en el Nuevo Testamento. Al retorno de Cristo se le da importancia en nada menos que 17 de los libros del Antiguo Testamento, y en siete de cada diez capítulos del Nuevo Testamento. El Señor mismo hace referencia a su regreso 29 veces. Si tenemos en cuenta los temas dominantes del Nuevo Testamento, la Segunda Venida ocupa el segundo lugar después de la fe.

En vista de las profecías en el Antiguo Testamento sobre la primera y la segunda venida de Cristo, ¿por qué lo rechazaron los judíos?

Las profecías en el Antiguo Testamento sobre la primera y la segunda venida de Cristo están tan interrelacionadas que los eruditos judíos no las entienden como eventos separados. Su forma de comprenderlas fue como lo que sucede cuando vemos una cadena montañosa desde cierta distancia. Contemplaron lo que les parecía una sola montaña, sin darse cuenta de que tras ella había otra igual de alta, invisible a su mirada por la perspectiva de la distancia. Los profetas entendieron ambas venidas de Cristo como un solo suceso o como dos separados por muy poco tiempo. Un estudioso de la Biblia ha escrito: "Las palabras pronunciadas de un tirón, y escritas en una sola frase, pueden contener eventos proféticos cuyo cumplimiento esté separado por milenios".[31]

Esta fusión de dos sucesos proféticos en uno solo puede explicar, en parte, por qué la mayoría de los judíos ha rechazado a Cristo. Las profecías presagian que el Mesías soportará un gran sufrimiento a la par que obtendrá una gran victoria. Ellos entendieron que el Salvador sufriente se convertiría en el Salvador victorioso en una sola venida. No comprendieron que vendría una primera vez para sufrir y una segunda para vencer.

Es evidente que hasta los seguidores de Jesús esperaban el cumplimiento de las gloriosas promesas de la segunda venida durante su primer adviento. No se percataron de que estaban viviendo en el intervalo de ambas apariciones hasta que Él ascendió al cielo; era como hallarse en un llano entre dos montes.

¿Cómo será la Segunda Venida?

Mateo escribe:

> Porque como el relámpago que sale del
> oriente y se muestra hasta el occidente, así
> será también la venida del Hijo del Hombre.
> Porque dondequiera que estuviere el cuerpo
> muerto, allí se juntarán las águilas. E inme-
> diatamente después de la tribulación de
> aquellos días, el sol se oscurecerá, y la luna
> no dará su resplandor, y las estrellas caerán
> del cielo, y las potencias de los cielos serán
> conmovidas. Entonces aparecerá la señal
> del Hijo del Hombre en el cielo; y entonces
> lamentarán todas las tribus de la tierra, y
> verán al Hijo del Hombre viniendo sobre
> las nubes del cielo, con poder y gran glo-
> ria. Y enviará sus ángeles con gran voz de
> trompeta, y juntarán a sus escogidos, de los
> cuatro vientos, desde un extremo del cielo
> hasta el otro (Mt. 24:27-31).

La Segunda Venida será un evento glorioso
contemplado por creyentes e incrédulos por

igual. Será un cataclismo que dará paso al milenio, el reinado de mil años de Cristo sobre la tierra (más adelante detallaremos este suceso).

¿Qué diferencias hay entre la primera y la segunda venida del Señor?

- En su primera venida lo envolvieron en pañales. En la segunda vestirá un manto real manchado de sangre.
- En su primera venida estuvo rodeado de ganado y gente corriente. En la segunda lo acompañarán incontables ejércitos celestiales.
- En su primera venida le cerraron la puerta del mesón. En la segunda le abrirán las puertas de los cielos.
- En su primera venida su voz fue el llanto débil de un bebé. En la segunda su voz tronará como el sonido de muchas aguas.
- En su primera venida fue el Cordero de Dios que traía salvación. En la segunda será el león de la tribu de Judá que traerá juicio.

¿Quién vendrá con Cristo
en la Segunda Venida?

El gran Señor Jesús, Capitán de los ejércitos de Jehová, Rey de reyes, descenderá para defender y proteger a su pueblo elegido y acabar de una vez con la maldad del anticristo. Pero el Señor Jesús, Capitán de los ejércitos de Dios, no vendrá solo, como manifiestan los siguientes pasajes:

- "Y vendrá Jehová mi Dios, y con él todos los santos" (Zac. 14:5).
- "...en la venida de nuestro Señor Jesucristo con todos sus santos" (1 Ts. 3:13).
- "...cuando venga en aquel día para ser glorificado en sus santos y ser admirado en todos los que creyeron" (2 Ts. 1:10).
- "He aquí, vino el Señor con sus santas decenas de millares..." (Jud. 14).

Todos los que hayan muerto en el Señor, junto con los que fueron arrebatados con anterioridad a la tribulación, se reunirán con el Señor y participarán en la batalla que reclamará el mundo para ser gobernado por Cristo.

Y los santos no serán los únicos en constituir el ejército del Señor. Tanto Mateo como Pablo nos dicen que los ángeles también descenderán con Cristo: "Cuando el Hijo del Hombre venga en su gloria, y todos los santos ángeles con él, entonces se sentará en su trono de gloria" (Mt. 25:31); y "Cuando se manifieste el Señor Jesús desde el cielo con los ángeles de su poder" (2 Ts. 1:7).

¿Cuántos ángeles están disponibles para ser reclutados por este ejército? La Biblia nos dice que su número es impresionante. En Mateo 26:52-53, Jesús dijo a Pedro en el huerto de Getsemaní: "Vuelve tu espada a su lugar... ¿Acaso piensas que no puedo ahora orar a mi Padre, y que él no me daría más de doce legiones de ángeles?". Una legión romana se componía de unos 6.000 soldados, de modo que Jesús afirmó tener acceso inmediato a la protección de 72.000 soldados angélicos que se habrían apresurado a rescatarlo con una sola palabra suya. Apocalipsis 5:11 respalda como mínimo esta cifra: "Y oí la voz de muchos ángeles alrededor del trono, y de los seres vivientes, y de los ancianos; y su número era millones de millones". El griego dice, literalmente: "Y su número era miríadas de miríadas y millares de millares". La *Nueva Traducción Viviente* traduce este pasaje como "miles de millones de ángeles".

Contrastes entre el arrebatamiento y la Segunda Venida

Arrebatamiento/ traslación	Segunda Venida Reino establecido
1. Traslación de todos los creyentes	1. No hay traslación alguna
2. Los santos arrebatados van al cielo	2. Los santos arrebatados vuelven al mundo
3. No se juzga a la tierra	3. Se juzga a la tierra y se establece la justicia
4. Inminente, en cualquier momento, sin señales previas	4. Sigue una serie de señales predichas, incluida la tribulación
5. No figura en el Antiguo Testamento	5. Se predice a menudo en el Antiguo Testamento
6. Solo para los creyentes	6. Afecta a toda la humanidad
7. Antes del día de la ira	7. Concluye el día de la ira
8. No hay referencias a Satanás	8. Satanás encadenado
9. Cristo viene *por* los suyos	9. Cristo viene *con* los suyos
10. Viene en el *aire*	10. Viene a la *tierra*
11. Recoge a su Esposa	11. Vuelve con su Esposa
12. Solo le ven los suyos	12. Todo ojo le verá
13. Empieza la tribulación	

Cortesía de Thomas Ice y Timothy Demy

Cristo no solo volverá para recompensar a los suyos, sino para juzgar al mundo. Entre su primera y su segunda aparición habrá un tiempo de perturbaciones, y luego se producirá el juicio de todos los que le rechazaron. No será el juicio de los creyentes, porque ellos ya habrán comparecido ante el tribunal de Cristo. Será un juicio sin derecho a libertad condicional, sin sentencias leves y sin poder alegar enajenación mental.

Escape the Coming Night

¿Reconoceremos a Cristo cuando vuelva en la Segunda Venida?

Al producirse el arrebatamiento antes de la Segunda Venida, los cristianos estarán con Cristo en el cielo durante la tribulación. En el momento de la Segunda Venida le conoceremos, porque estaremos con Él cuando vuelva al mundo.

Apocalipsis menciona dos cenas, la de Dios y la cena de las bodas del Cordero. ¿A cuál asistiré?

En Apocalipsis 19 se mencionan dos banquetes. El primero es la cena de las bodas del Cordero; el segundo es la cena de Dios en el que las aves de rapiña devoran la carne de sus enemigos. Está en nuestras manos decidir a cuál de los dos festines asistiremos. Si no queremos disfrutar de la cena de las bodas del Cordero, seremos la comida en la cena de Dios. Los cristianos estarán en la cena de las bodas del Cordero, ¡en calidad de Esposa de Cristo!

¿Qué les sucederá a la bestia (anticristo) y al falso profeta?

La Biblia nos dice que Dios agarra sencillamente al líder de la rebelión final —el anticristo romano—, y lo lanza al infierno con su cómplice, el falso profeta: "Y la bestia fue apresada, y con ella el falso profeta que había hecho delante de ella las señales con las cuales había engañado a los que recibieron la marca de la bestia, y habían adorado su imagen. Estos dos fueron lanzados vivos dentro de un lago de fuego que arde con azufre" (Ap. 19:20).

Estas dos criaturas satánicas tienen el honor no buscado de llegar al infierno antes que Satanás mismo. Como escribe Juan, el confinamiento de Satanás llegará mucho después: "Y el diablo que los engañaba fue lanzado en el lago de fuego y azufre, donde estaban la bestia y el falso profeta; y serán atormentados día y noche por los siglos de los siglos" (Ap. 20:10). Satanás no se reunirá con la bestia y el falso profeta en el infierno hasta el final del milenio, mil años después de la llegada de ellos allí.

¿Qué diferencia hay entre el tribunal de Cristo y el juicio del gran trono blanco?

Al principio de la tribulación, los cristianos comparecerán ante el tribunal de Cristo (2 Co. 5:10). Transcurridos siete años y el milenio (es decir, 1.007 años después), se celebrará el juicio del gran trono blanco, el juicio de Dios, donde todo el mundo deberá dar cuentas de sus actos.

Nadie puede escapar del juicio de Dios. Apocalipsis 20:13 afirma: "Y el mar entregó los muertos que había en él; y la muerte y el Hades entregaron los muertos que había en ellos; y fueron juzgados cada uno según sus obras". Estos muertos, los que habían rechazado a Cristo, se presentarán delante del gran trono blanco. Si su nombre no figura en el libro de la vida, serán arrojados al lago de fuego (Ap. 20:11-15).

EL JUICIO DE LOS CREYENTES
(EL TRIBUNAL DE CRISTO)
OCURRE AL PRINCIPIO DE LA TRIBULACIÓN.

DESPUÉS TRANSCURREN SIETE AÑOS
(TRIBULACIÓN)
Y EL MILENIO.

Y POR FIN LLEGA EL JUICIO
DEL GRAN TRONO BLANCO.

¿Cuándo se arrojará al lago de fuego las almas sin esperanza de los no redimidos?

Cuando llegue el juicio del gran trono blanco, todas las personas no redimidas que hayan vivido en este mundo se presentarán delante de Jesucristo para recibir la sentencia de muerte eterna. Todas se enfrentarán a un Juez sin jurado; a un Fiscal sin abogado defensor, a una sentencia sin posibilidad de apelación. Es el juicio final del mundo. No hay esperanza para los que comparezcan ante el gran trono blanco ni posibilidad de redención, de un veredicto favorable, de una apelación. Solo existe una sentencia: ser arrojados al lago de fuego.

¿Figura mi nombre en
el libro de vida?

El libro de la vida se menciona a menudo en la Escritura (Éx. 32–33; Sal. 69:28; Dn. 12:1; Fil. 4:3; Ap. 3:5; 13:8; 17:8; 21:27; 22:19), y es imperativo que te asegures de que tu nombre está inscrito allí, porque es la reserva de tu morada eterna junto a Dios. Cuando crees en Jesucristo, recibes el don gratuito de la vida eterna y haces una reserva en el cielo. Los nombres de quienes no reciben el regalo de Dios se borran del libro. "Sean raídos del libro de los vivientes, y no sean escritos entre los justos" (Sal. 69:28); "Y el que no se halló inscrito en el libro de la vida fue lanzado al lago de fuego" (Ap. 20:15), donde las almas de los condenados languidecerán por toda la eternidad. Allí, separados de la gloria de Dios, permanecerán en un estado eterno de agonía desesperanzada.

El milenio

Para gobernar el mundo

En latín, la palabra *millenium* se divide en *mille*, que significa "mil", y *annum*, "años"; esto se traduce "mil años". Durante ese tiempo, Cristo gobernará el mundo en paz y justicia desde Jerusalén, su capital. El milenio será un presagio del estado celestial que vendrá después.

※

Cristo regresará cuando esté listo, e instaurará su reino sin nuestra ayuda. Por ello tenemos que hacer, junto a Isaías, esta oración poderosa: "¡Oh, si rompieses los cielos, y descendieras…!" (Is. 64:1). Podemos decir con Juan: "Amén. Sí, ven, Señor Jesús" (Ap. 22:20). Esta es la única esperanza de una paz duradera.

The Handwriting on the Wall

¿Qué significa la palabra milenio?

Milenio significa "mil años", y alude al periodo cronológico mencionado en Apocalipsis 20:1-6, que describe el gobierno y el reinado de Cristo en la tierra. Cristo gobernará mil años como rey sobre todo el mundo desde Jerusalén, su capital. Los santos de Dios, que habrán vuelto con Él para librar la batalla de Armagedón, gobernarán con Cristo durante el milenio. Gobernaremos desde la Nueva Jerusalén y contribuiremos a supervisar mil años de paz y de justicia en el mundo. Durante ese tiempo Satanás estará atado, de modo que la paz florecerá y el conocimiento del Señor llenará el mundo. Al milenio solo entrarán los creyentes que hayan aceptado a Cristo durante la tribulación.

¿Cómo cabrán todos los cristianos en una sola ciudad, la Nueva Jerusalén?

La ciudad tendrá forma de cubo, y unas dimensiones tan gigantescas que desafían la imaginación. La longitud, anchura y altura del cubo son de 12.000 estadios, aproximadamente 2.400 km (Ap. 21:16). ¡Solo su base mide 5.760.000 km²! Con el primer nivel ya habría espacio suficiente para muchas más personas de las que han vivido jamás en este planeta.

¿Reinará Cristo en la tierra durante mil años literales?

Las Escrituras mencionan seis veces la duración del milenio, pero su descripción no sugiere que debamos interpretarla de forma simbólica o alegórica. El texto es sencillo y claro: este reino terrenal durará mil años (Ap. 20:2-3).

¿Cómo será el milenio?

No habrá guerras. Los reinos se unificarán.
Incluso el reino animal estará en paz (Mi.
4:2-3; Is. 11:6-9). Será una época de prosperidad
ilimitada. Desaparecerá toda necesidad (Is. 35).
El pecado se mantendrá a raya, y en ese tiempo
de gran pureza se resolverá de inmediato la desobediencia. El reino de Cristo será un reino santo
(Is. 11:9, 66:23; Zac. 13:2). Durante ese tiempo
Satanás estará atado y encerrado, sin poder salir
a engañar a las naciones.

¡La gente considerará maldito al hombre que
muera a los cien años de edad! La salud de las
personas será perpetua. Se diría que volverá a
instaurarse la extraordinaria esperanza de vida
que caracterizó a la raza antes del Diluvio (Is.
65:20). El milenio será una era emocionante de
felicidad, satisfacción y gozo personal. Será la
respuesta a muchas oraciones antiguas y angus-
tiosas (Is. 9:3-4; 12:3; 14:7-8; 25:8-9; 30:29;
42:1, 10-12).

¿Qué sucederá al final del milenio?

Durante el milenio nacerán niños que poblarán este mundo. Algunos de ellos se rebelarán contra el justo gobierno de Dios. Durante un tiempo, al final del milenio, Satanás será liberado y organizará una rebelión final en la tierra, recurriendo a quienes no hayan creído durante los mil años. El juicio final del mundo, el juicio del gran trono blanco, remata el milenio e introduce el nuevo cielo y la nueva tierra (Ap. 20:11-15; 21:1).

¿Cuál es la diferencia entre postmilenialismo, amilenialismo y premilenialismo?

Existen tres puntos de vista respecto al milenio.

- El postmilenialismo enseña que la propia Iglesia provocará la llegada del milenio mediante la predicación del evangelio. A medida que se vaya convirtiendo un número creciente de personas en todo el planeta, el evangelio irá conquistando paulatinamente el mundo para Cristo, y Jesús volverá por fin a la tierra para recibir el trono que la Iglesia ha ganado para Él.

- El amilenialismo proclama que no existe un reinado literal de Cristo durante mil años. Más bien la Iglesia hereda la bendición milenial prometida a Israel, y Cristo reina por medio de la Iglesia ahora mismo, en un milenio alegórico. San Agustín desarrolló este punto de vista y lo propagó en el siglo IV, y sigue siendo el paradigma habitual en muchos círculos reformados.

- El premilenialismo es el punto de vista más antiguo de los tres, y sostiene que Cristo volverá físicamente al mundo para derrotar a sus enemigos y reinar sobre la tierra durante un periodo de mil años literales. Esta es la visión que figura en los escritos de los primeros padres de la Iglesia, y es el punto de vista más habitual entre los evangélicos.

Por el reinado de un Rey justo, cuya justicia mantendrá el equilibrio de la vida en todo el mundo, desaparecerán muchas de las causas del sufrimiento. El milenio será un periodo de alegría sin precedentes, un subproducto natural de la paz. Isaías 14:7 dice: "Toda la tierra está en reposo y paz; se cantaron alabanzas".

What You Always Wanted to Know About Heaven

¿Por qué deberíamos creer en un milenio literal (premilenialismo)?

Existen al menos cuatro razones por las que Cristo debe volver a la tierra a reinar personalmente sobre los reinos de este mundo.

- Es necesario para recompensar al pueblo de Dios. En ambos Testamentos encontramos montones de promesas que garantizan que el pueblo de Dios recibirá generosas recompensas por su servicio fiel.
- Es necesario como respuesta a la oración de los discípulos que hallamos en Lucas 11 y Mateo 6. Cuando oraron "venga tu reino", solicitaban que aquel reino tan esperado se estableciera en la tierra.
- Es necesario para redimir a la creación. Génesis 3 describe los horrores de un mundo al que Dios maldice por causa del pecado, mientras que Romanos 8:19-22 describe un momento venidero en el que desaparecerá esa maldición, siendo el milenio el único periodo histórico en que esta se suspende.

- Es necesario para subrayar de nuevo la depravación de la humanidad y la necesidad de la muerte de Cristo en la cruz. El milenio responderá de una vez por todas a la ancestral pregunta de si el pecado del hombre nace de su entorno o de su herencia. El milenio ofrecerá mil años de paz y prosperidad ininterrumpidas, durante los cuales Cristo gobernará desde Jerusalén con mano firme. Sin embargo, al final de ese tiempo de felicidad, Satanás será liberado durante un breve tiempo para demostrar que el corazón del ser humano está ennegrecido por el pecado, y que incluso en un entorno perfecto, los hombres y mujeres no redimidos se rebelarán contra Dios. El milenio es la prueba definitiva de que la muerte de Cristo es esencial para la salvación de la humanidad.

El nuevo cielo y la nueva tierra

Para crear el reino eterno de Dios

Dios ha preparado un hogar eterno para sus hijos, donde no habrá enfermedad ni muerte. Las tristezas pasadas se habrán olvidado, y sus hijos pasarán la eternidad en su presencia, regocijándose en la Nueva Jerusalén.

¿Te imaginas una ciudad santa?
Será una comunidad donde nadie
mienta, donde no se maquinen
asuntos turbios, donde no se vean
películas ni imágenes impuras.
La Nueva Jerusalén será santa
porque todos sus ciudadanos serán
santos. Allí desaparecerán todos los
pensamientos desmoralizantes o
tenebrosos que hoy nos pasan por
la mente.

Escape the Coming Night

¿Qué haremos en el cielo?

¡Nunca nos aburriremos! Cantaremos (Ap. 15:3-5). Los que en este mundo hayan sido incapaces de cantar dos notas seguidas podrán cantar en los cielos, sin cansarse nunca de exaltar el nombre del Rey de reyes. Podremos servirle a la perfección, capacitados por el poder que puede someter todas las cosas al deseo de su voluntad (Ap. 1:1; 7:3; 10:7; 11:18; 15:3; 19:5; 22:6). Tendremos una comunión constante (Ap. 19:9; He. 12:22-24) con los ángeles, los miembros de la Iglesia, Dios, Jesús y los espíritus de los seres humanos perfeccionados. Nunca más tendremos que despedirnos de un ser querido ni organizar una fiesta de despedida.

Dios reserva diferentes trabajos para personas distintas. Dios nos ha hecho a todos únicos, con un ministerio y una responsabilidad especiales. Cada uno de nosotros, por derecho propio, tiene un propósito y ha sido preparado para lo que Dios le haya llamado a hacer. En el cielo habrá muchos grupos diferentes, con responsabilidades únicas delante de Dios. Por ejemplo, los 24 ancianos están coronados, entronizados y sentados (Ap. 4:10; 11:16). Los 144.000 procedentes de la tribulación no tienen coronas ni tronos, y están en pie entonando un cántico que nadie más conoce (Ap. 14:3). El cántico de los 144.000 resuena como el estruendo de muchas aguas, como potentes truenos. Es un cántico de alegría (Ap. 14:2).

Cuando lleguemos al cielo, alabaremos a Dios de todas las maneras imaginables. Todo el cielo está repleto de cánticos. La música de adoración nos ofrece un presagio de lo que será el cielo. En el libro de Apocalipsis hay más himnos que en cualquier otro libro de la Biblia, excepto Salmos. Si queremos saber cómo adorar al Señor, para nosotros la música debe ser una prioridad.

¿Existe el "sueño del alma"?

Apocalipsis 6:9-11 tira por tierra el concepto del sueño del alma. Las almas de los mártires bajo el altar, aquellos que murieron durante la tribulación, son conscientes y hablan: "Y clamaban a gran voz, diciendo: ¿Hasta cuándo, Señor, santo y verdadero, no juzgas y vengas nuestra sangre en los que moran en la tierra?". No debemos permitir que nos confunda el uso del verbo *dormir* en relación con la muerte física. Esto no es un "sueño del alma". Podemos entenderlo más claramente cuando leemos 1 Tesalonicenses 4:14-16. En este pasaje se nos habla de la resurrección de los creyentes: (1) salen de la tumba; y (2) Dios los llevará con Cristo cuando este regrese. Solo existe una manera de explicar cómo pueden resucitar y al mismo tiempo descender del cielo. Al morir, el alma y el cuerpo se separan. El sueño se aplica solamente al cuerpo del creyente, que va a la tumba esperando la resurrección. El sueño *nunca* se aplica al alma del creyente.

¿Hay algo que pueda impedir que los muertos inconversos vayan al infierno?

No. Por ello, nuestro objetivo prioritario debe ser alcanzar al mayor número de personas posible antes de que sea demasiado tarde. No hay segunda oportunidad, y después de la muerte no llega la aniquilación. Al morir, los que no han sido salvos descienden directamente al Hades, donde padecen tormento hasta su resurrección corporal, tras la cual serán condenados (Dn. 12:2; Lc. 16:22-24; Ap. 20:11-15).

Como cristiano, ¿por qué no debo temer a la muerte?

La Biblia tiene un concepto único de la muerte para quienes han puesto su confianza en Jesucristo. La Palabra nos dice que la muerte es preciosa para el creyente: "Estimada es a los ojos de Jehová la muerte de sus santos" (Sal. 116:15). La Biblia también nos dice que para el creyente la muerte ha perdido su aguijón. "¿Dónde está, o muerte, tu aguijón? ¿Dónde, oh sepulcro, tu victoria?" (1 Co. 15:55); y también que supone estar con Cristo: "Porque de ambas cosas estoy puesto en estrecho, teniendo deseo de partir y estar con Cristo, lo cual es muchísimo mejor" (Fil. 1:23). En el cielo veremos a Jesús cara a cara: "Enjugará Dios toda lágrima de los ojos de ellos; y ya no habrá muerte, ni habrá más llanto, ni clamor, ni dolor; porque las primeras cosas pasaron" (Ap. 21:4). ¡Esta es la maravillosa esperanza con la que vivimos!

Conclusión

La Segunda Venida de Cristo es un tema central en buena parte de la Biblia, y una de las promesas más reiteradas de toda la Escritura. Los cristianos pueden descansar en la convicción inmutable de que, así como Jesús vino al mundo la primera vez, también regresará cuando concluya la gran tribulación.

¿Cómo deberíamos prepararnos para los últimos tiempos venideros?

- *Manteniéndonos firmes* (2 Ts. 2:15) No es el momento de correr tras una nueva doctrina ni de analizar nuevas ideas sobre teología. Mantente firme en la fe que conoces. Si ha habido alguna vez un momento idóneo para ser rotundos respecto a nuestra fe, es ahora. La palabra que hoy usa todo el mundo es *tolerancia*. Pero yo solo quiero ser tan tolerante como Dios, y Él es bastante intolerante con lo que no es cierto.
- *Retener la doctrina* (2 Ts. 2:15) Las noticias diarias pueden desanimarnos. Pero en medio de todo está Jesús y el aliento que nos da. Hemos de cultivar nuestra relación con Él hasta que deje de ser una cosa de nuestra vida y se convierta en el centro de nuestro ser.
- *Trabajar duro* (2 Ts. 2:16-17; Lc. 19:13) El objetivo de los cristianos no solo es ir al cielo, sino llevar con nosotros al mayor

número de personas posible. Compartir el evangelio, enseñarlo a los niños, edificarnos mutuamente, animar a los que caen y acercarnos a los que sufren. El Señor dijo que nos ocupáramos en toda buena obra "hasta que Él vuelva". No hay tiempo para estar ociosos. Es hora de que busquemos la verdad y la vivamos cada día.

¿Qué debemos hacer cuando empezamos a ver las señales de los últimos tiempos?

A pesar de lo mucho que valoro comprender los eventos futuros, considero que el valor del estudio de la profecía es más elevado y práctico. Nos ofrece una motivación sólida para vivir la vida cristiana. La inminencia de los sucesos proféticos demuestra la necesidad de vivir cada momento preparados como lo estuvo Cristo. Una vez oída y entendida la verdad del regreso prometido de Cristo, no podemos seguir viviendo nuestras vidas como antes. Los eventos futuros tienen consecuencias en el presente que no podemos ignorar. Sabiendo que Cristo volverá a este mundo, no podemos seguir siendo los mismos.

De las epístolas neotestamentarias he recopilado diez modos en los que nuestro conocimiento profético debería hacernos distintos. He resaltado en cursiva las palabras de las Escrituras que relacionan la amonestación con la promesa del regreso de Cristo.

1. **No juzguemos a otros:** "Así que, no juzguéis nada antes de tiempo, *hasta que venga el Señor*, el cual aclarará también lo oculto de las tinieblas, y manifestará las intenciones de los corazones; y entonces cada uno recibirá su alabanza de Dios" (1 Co. 4:5).

2. **Celebremos la Cena del Señor:** "Así, pues, todas las veces que comiereis este pan, y bebiereis esta copa, la muerte del Señor anunciáis *hasta que él venga*" (1 Co. 11:26).

3. **Vivamos espiritualmente:** "Si, pues, habéis resucitado con Cristo, buscad las cosas de arriba, donde está Cristo sentado a la diestra de Dios. Poned la mira en las cosas de arriba, no en las de la tierra. Porque habéis muerto, y vuestra vida está escondida con Cristo en Dios. *Cuando Cristo, vuestra vida, se manifieste*, entonces vosotros también seréis manifestados con él en gloria" (Col. 3:1-4).

4. **Relacionémonos unos con otros en amor:** "Y el Señor os haga crecer y abundar en amor unos para con otros y para con todos, como también lo hacemos nosotros para con vosotros, para que sean afirmados vuestros corazones, irreprensibles en santidad delante de Dios nuestro Padre, *en la venida de nuestro Señor Jesucristo*

con todos sus santos" (1 Ts. 3:12-13; Jud. v. 21).

5. **Restauremos a los afligidos por el duelo:** "Tampoco queremos, hermanos, que ignoréis acerca de los que duermen, para que no os entristezcáis como los otros que no tienen esperanza. Porque si creemos que Jesús murió y resucitó, así también traerá Dios con Jesús a los que durmieron en Él. Por lo cual os decimos esto en palabra del Señor: que nosotros que vivimos, que habremos quedado *hasta la venida del Señor,* no precederemos a los que durmieron. Porque el Señor mismo con voz de mando, con voz de arcángel, y con trompeta de Dios, descenderá del cielo; y los muertos en Cristo resucitarán primero. Luego nosotros los que vivimos, los que hayamos quedado, seremos arrebatados juntamente con ellos en las nubes para recibir al Señor en el aire, y así estaremos siempre con el Señor. Por tanto, alentaos los unos a los otros con estas palabras" (1 Ts. 4:13-18).

6. **Comprometámonos con el ministerio:** "Te encarezco delante de Dios y del Señor Jesucristo, que juzgará a los vivos y a los muertos *en su manifestación* y en su reino, que prediques la palabra; que instes a tiempo y fuera de tiempo; redarguye,

reprende, exhorta con toda paciencia y doctrina" (2 Ti. 4:1-2).

7. **No dejemos de asistir a la iglesia:** "Y considerémonos unos a otros para estimularnos al amor y a las buenas obras; no dejando de congregarnos, como algunos tienen por costumbre, sino exhortándonos; y tanto más, *cuanto veis que aquel día se acerca*" (He. 10:24-25).

8. **Mantengámonos firmes:** "Por tanto, hermanos, tened paciencia hasta la venida del Señor. Mirad como el labrador espera el precioso fruto de la tierra, aguardando con paciencia hasta que reciba la lluvia temprana y la tardía. Tened también vosotros paciencia, y afirmad vuestros corazones; *porque la venida del Señor se acerca*" (Stg. 5:7-8).

9. **Renunciemos al pecado en nuestras vidas:** "Ahora, hijitos, permaneced en él, para que *cuando se manifieste*, tengamos confianza, para que *en su venida* no nos alejemos de él avergonzados. Si sabéis que él es justo, sabed también que todo el que hace justicia es nacido de él" (1 Jn. 2:28-29).

10. **Alcancemos a los perdidos:** "Conservaos en el amor de Dios, *esperando la misericordia de nuestro Señor Jesucristo* para vida eterna. A algunos que dudan,

convencedlos. A otros salvad, arrebatándolos del fuego; y de otros tened misericordia con temor, aborreciendo aun la ropa contaminada por su carne" (Jud. 21-23).

¿Por qué debería estudiar la profecía y el libro de Apocalipsis?

No sería lógico que un escritor tan meticuloso como Juan nos dejara preguntándonos sobre cómo aplicar el mensaje de Apocalipsis. Deja clarísimos los propósitos que tuvo al escribir el libro. Puedes ser bendecido por el mero hecho de leerlo (Ap. 1:3, 22:7), o maldecido por tergiversarlo (vv. 22:18-19). Apocalipsis nos revela que encontramos el camino al verdadero éxito sometiendo nuestras vidas a la Palabra de Dios. Apocalipsis nos enseña que aunque un día desaparecerá la necesidad de evangelizar, la necesidad y el privilegio de la adoración son eternos. ¡Practica "aquí abajo" antes de adorar a Dios perfectamente "allá arriba"!

Estamos bajo la misma instrucción que recibió Juan: llevar las palabras del evangelio a hombres, mujeres, niños y niñas que aún no conozcan ni amen al Salvador. "Porque es necesario que todos nosotros comparezcamos ante el tribunal de Cristo, para que cada uno reciba lo que haya hecho mientras estaba en el cuerpo, sea bueno o sea malo" (2 Co. 5:10).

Debemos prepararnos ahora y esperar su venida, porque hemos recibido la clara advertencia de que está en camino, y no habrá más tiempo de prepararse: "He aquí yo vengo pronto" (Ap. 22:20).

Ahora llegamos al punto final de nuestro viaje, y recibiremos una breve visión del futuro eterno; Dios hará unos cielos nuevos y una tierra nueva. Aunque nos cuesta imaginar algo más maravilloso que el cielo en el que habitaremos después de morir, el cielo eterno será incluso más glorioso. La joya definitiva del paraíso será la ciudad santa, la Nueva Jerusalén.

Escape the Coming Night

Notas finales

1. David McCullough, *Truman* (Nueva York: A Touchstone Book publicado por Simon & Schuster, 1992), p. 619.

2. The Jewish People Policy Planning Institute: Annual Assessment 2007 (Jerusalén, Israel: Gefen Publishing House, LDT, 2007), p. 15.

3. Robert J. Morgan, *My All in All* (Nashville, TN: B&H Publishing, 2008), comentarios para el día 22 de abril.

4. Paul Crespo, "Something Is Going On Between Rusia and Iran", 30 de enero de 2007, http://archive.newsmax.com/archives/articles/2007/1/29/212432.shtml?s=1h.

5. Joel C. Rosenberg, *Epicenter* (Carol Stream, IL: Tyndale, 2005), p. 113.

6. John Walvoord y Mark Hitchcock, *Armageddon, Oil and Terror* (Carol Stream, IL: Tyndale House Publishers, 2007), p. 67.

7. "Transatlantic Economic Council", http://ec.europa.eu/enterprise/enterprise_policy/inter_rel/tec/index_en.htm. Consultada el 28 de marzo de 2008.

8. Jerome R. Cossi, "Premeditated Merger: Inside the hush-hush North America Union confab", 13 de

marzo de 2008, www.worldnetdaily.com/index.php?
pageId=39523.

9. Arno Froese, *How Democracy Will Elect the Antichrist* (Columbia, SC: The Olive Press, 1997), p. 165.

10. www.whitehouse.gov/news/release/2002/01
/print/20030239-11html.

11. Scott Peterson, "Russia, Iran Harden Against West", *The Christian Science Monitor*, www.csmonitor
.com, 18 de octubre de 2007.

12. AFP: "Russia scraps Libya's debts and Putin visits Tripoli", www.google.com/article/ALeqM5AgDZ
CvyaEv18qMczqwwc1-Er_w, 17 de abril de 2008.

13. Matthew Kreiger, "7,200 Israeli millionaires today, up 13%", *Jerusalem Post*, 28 de junio de 2007.

14. www.prosperity.org/profile.aspx?is+IS.

15. Estadísticas recopiladas de www.adherents.com
/Religions_By_Adherents.html y http://pewresearch
.org/assets/pdf/muslim-american.pdf. Descarga de la página 15.

16. Cita sobre la autoridad de Ibn 'Abbas en Sahih de al-Bukhari; respaldado por numerosos eruditos islámicos. Véanse, por ejemplo, http://www.bibletopics
.com/BIBLESTUDY/96a.htm y http://www.giveshare
.org/islam/index. html.

17. La información sobre la historia del Islam procede de Winfried Corduan, *Pocket Guide to World Religions* (Downers Grove: InterVarsity Press, 2006), pp. 80-85.

18. Benazir Bhutto, *Reconciliation: Islam, Democracy, and the West* (Nueva York: Harper Collins, 2008), pp. 2, 3, 20.

19. Georges Sada, *Saddam's Secrets: How an Iraqi General Defied and Survived Saddam Hussein* (Brentwood, TN: Integrity Publishers, 2006), pp. 286-287.

20. "Vatican: Muslims now outnumber Catholics". *USA Today*, 30 de marzo de 2008, www.usatoday.com.

21. "Ahmadinejad's 2005 address to the United Nations", de Mahmoud Ahmadinejad. Traducción facilitada por las Naciones Unidas.

22. "Ahmadinejad: Wipe Israel off map", http://english.aljazeera.net/English/archive/archive?ArchiveId=15816.

23. Stan Goodenough, "Ahmadinejad:Israel has reached its 'final'stage'", www.jnewswire.com/article/2314, 30 de enero de 2008.

24. Mark Bentley y Ladane Nasseri. "Ahmadinejad's Nuclear Mandate Strengthened After Iran Election". www.bloomberg.com/apps/news?pid=20601087&sid=aGUPH1VLn.7c&refer=home.

25. www.merriam-webster.com/dictionary/rapture.

26. Alan Johnson, *The Expositor's Bible Commentary*, vol. 12 (Grand Rapids: Zondervan, 1981), p. 551.

27. Vernon J. McGee, *Through the Bible*, vol. 3 (Nashville, TN: Thomas Nelson Publishers, 1982), p. 513.

28. De J. Dwight Pentecost, *Things to Come: A Study in Biblical Eschatology* (Findlay, OH: Dunham Publishing Company, 1958), pp. 347, 348.

29. *The Coming Great War: The Greatest Ever Known in Human History* (Toronto, Canadá: A. Sims, Publisher, 1932), pp. 12-13.

30. H. A. Ironside, *Revelation* (Grand Rapids, MI: reimpresión de Kregel, 2004), p. 189.

31. Lehman Strauss, "BibleProphecy": www.bible.org. Consultada el 27 de noviembre de 2007.

EDITORIAL
PORTAVOZ

NUESTRA VISIÓN

Maximizar el efecto de recursos cristianos de calidad que
transforman vidas.

NUESTRA MISIÓN

Desarrollar y distribuir productos de calidad —con
integridad y excelencia—, desde una perspectiva bíblica y
confiable, que animen a las personas a conocer y servir a
Jesucristo.

NUESTROS VALORES

*Nuestros valores se encuentran fundamentados en la
Biblia, fuente de toda verdad para hoy y para siempre.
Nosotros ponemos en práctica estas verdades bíblicas como
fundamento para las decisiones, normas y productos de
nuestra compañía.*

Valoramos la excelencia y la calidad
Valoramos la integridad y la confianza
Valoramos el mérito y la dignidad de los individuos
    y las relaciones
Valoramos el servicio
Valoramos la administración de los recursos

Para más información acerca de nuestra editorial y los
productos que publicamos visite nuestra página en la red:
www.portavoz.com